Abdelmalek Ratya

Plateforme décisionnelle pour les Achats et Approvisionnements

Abdelmalek Rafya

Plateforme décisionnelle pour les Achats et Approvisionnements

Etude du processus des Achats et Approvisionnements et réalisation de la solution décisionnelle

Éditions universitaires européennes

Impressum / Mentions légales
Bibliografische Information der Deutschen Nationalbibliothek: Die Deutsche Nationalbibliothek verzeichnet diese Publikation in der Deutschen Nationalbibliografie; detaillierte bibliografische Daten sind im Internet über http://dnb.d-nb.de abrufbar.
Alle in diesem Buch genannten Marken und Produktnamen unterliegen warenzeichen-, marken- oder patentrechtlichem Schutz bzw. sind Warenzeichen oder eingetragene Warenzeichen der jeweiligen Inhaber. Die Wiedergabe von Marken, Produktnamen, Gebrauchsnamen, Handelsnamen, Warenbezeichnungen u.s.w. in diesem Werk berechtigt auch ohne besondere Kennzeichnung nicht zu der Annahme, dass solche Namen im Sinne der Warenzeichen- und Markenschutzgesetzgebung als frei zu betrachten wären und daher von jedermann benutzt werden dürften.

Information bibliographique publiée par la Deutsche Nationalbibliothek: La Deutsche Nationalbibliothek inscrit cette publication à la Deutsche Nationalbibliografie; des données bibliographiques détaillées sont disponibles sur internet à l'adresse http://dnb.d-nb.de.
Toutes marques et noms de produits mentionnés dans ce livre demeurent sous la protection des marques, des marques déposées et des brevets, et sont des marques ou des marques déposées de leurs détenteurs respectifs. L'utilisation des marques, noms de produits, noms communs, noms commerciaux, descriptions de produits, etc, même sans qu'ils soient mentionnés de façon particulière dans ce livre ne signifie en aucune façon que ces noms peuvent être utilisés sans restriction à l'égard de la législation pour la protection des marques et des marques déposées et pourraient donc être utilisés par quiconque.

Coverbild / Photo de couverture: www.ingimage.com

Verlag / Editeur:
Éditions universitaires européennes
ist ein Imprint der / est une marque déposée de
OmniScriptum GmbH & Co. KG
Heinrich-Böcking-Str. 6-8, 66121 Saarbrücken, Deutschland / Allemagne
Email: info@editions-ue.com

Herstellung: siehe letzte Seite /
Impression: voir la dernière page
ISBN: 978-3-8417-4441-8

سبحانك لا علم لنا إلا

ما علمتنا إنك أنت

العليم الحكيم

Dédicace

A mes très chers parents,
Pour l'amour et la confiance qui m'accompagnent depuis toujours,
m'assistant à frôler toute amertume, pour regagner le bien-être et l'équilibre ;

A mes frères et sœurs,
Nul mot ne pourrait exprimer ma gratitude envers vous;

A l'ensemble de ma famille,
Je vous porte un grand respect;

A mes amis et à tous ceux qui m'aiment,
Pour tous les moments inoubliables que nous avons passés ensemble…

A vous,
Qui partagez avec moi, en ce moment, ces agréables sentiments…

Je dédie ce modeste travail…

Abdelmalek RAFYA

Remerciements

Il est toujours délicat de remercier l'ensemble des personnes qui ont contribué à l'aboutissement de ce travail. Que ceux qui ne sont pas mentionnés ne m'en tiennent pas rigueur.

Je tiens à remercier M. Abdennacer ECHAABI directeur des Systèmes d'Information et M. Adnan HABIB directeur adjoint des Systèmes d'Information et chef de Département Développement de m' avoir permis d'effectuer mon projet de fin d'études au sein de LYDEC (Lyonnaise Des Eaux de Casablanca).

Je remercie vivement mon encadrant M. Yassine ATTASSI chef de projet SAP pour son temps et son énergie m'aidant à élaborer ce travail, et pour m'avoir proposé un sujet si intéressant.

Je n'oublierai pas de remercier les membres de la DSI (Direction des Systèmes d'Information), notamment M. Jawad BENHADDOU, M. Hassan MOURTADI, M. Abdelkebir EDDAHNI et M. Abdelaziz HAYOURI pour leurs soutiens et les bons moments que nous avons passés ensemble.

Je remercie aussi mon encadrent interne M. Mourad OUBRICH pour son suivi permanent, ses conseils très pratiques, ainsi que pour l'intérêt qu'il a montré à mon encadrement tout au long de ma période de stage.

Mes sincères gratitudes pour tout le cadre professoral de l'INPT, pour la formation qu'il m'a inculquée.

Que messieurs les membres du jury trouvent ici l'expression de ma reconnaissance d'avoir accepté de juger ce travail.

Mes expressions distinguées, pour tous ceux qui ont contribué de près ou de loin à l'accomplissement de ce projet.

Merci encore.

Résumé

Le présent ouvrage est le résultat d'un travail effectué au sein d'une entreprise. Il vise à expliquer la démarche à suivre pour réussir un projet de l'informatique décisionnelle, ou encore Business Intelligence, en présentant la démarche à suivre dès l'expression du besoin jusqu'à la mise en place de la solution. Cette démarche est concrétisée par un projet réel qu'on a vécu, visant à doter le processus métier des Achats et Approvisionnements par une plateforme de l'aide à la décision. Cette dernière contribuera à mieux gérer le métier, en produisant des tableaux de bord susceptibles à aider les décideurs à mieux apprécier la situation où se trouve ce dernier.

Mots clés :

Informatique Décisionnelle, Système Transactionnel, SAP MM, SAP BW, SAP Query, Reporting.

Liste des abréviations

Abréviation	Désignation
ABAP	Advanced Business Application Programming
ASAP	Accelerated SAP
BEX	Business Explorer
BI	Business Intelligence
BO	Business Object
BW	Business Warehouse
DA	Demande Achat
DAM	Direction des Achats et Marché
DSI	Département des Systèmes d'Information
ECC	ERP Central Component
EF	Entrée de Factures
EM	Entrée Marchandises
ETL	Extract, Transform and Load
ERP	Entreprise Ressource Planning
LYDEC	Lyonnaise des Eaux de Casablanca
MM	Material Management
ODS	Operational Data Store
OLAP	On Line Analytical Processing
PSA	Persistent Staging Area
SAP	Systems, Applications and Products

Liste des figures

Liste des tableaux

Table des matières

Introduction générale

Au niveau de la gestion de la chaîne logistique, comme dans tous les autres domaines, les décideurs ont actuellement besoin d'avoir une vue d'ensemble de l'activité exercée et de posséder des tableaux de bords leurs fournissant les indicateurs nécessaires pour étayer leurs prises de décision.

En effet, l'entreprise a besoin de posséder des statistiques sur de nombreux critères que ce soit à usage interne, à la demande de divers organismes extérieurs ou pour satisfaire ses obligations légales, et cela, à partir des données opérationnelles du système de gestion de la chaîne logistique.

Le système opérationnel, peut mettre à disposition un certain nombre de statistiques et d'indicateurs, mais avec un temps de réponse peu élevé, et parfois même, au détriment des transactions en cours.

Pour cela, la mise en place d'un système décisionnel est une solution qui permet non seulement de minimiser le temps de réponse, mais aussi de ne plus perturber le système opérationnel pour des fins décisionnelles. En outre, un système décisionnel permet d'unifier le support d'aide à la décision.

C'est dans ce cadre que notre projet s'inscrit; notre mission est de mettre en place une plateforme décisionnelle afin de créer et de charger un entrepôt de données pour des fins de reporting et d'analyse.

Cet ouvrage détaille le travail mené pour atteindre les objectifs fixés, notamment la théorie de l'informatique décisionnelle et sa mise en place au niveau de notre solution, à travers l'outil SAP BI. Il se décompose en quatre chapitres principaux :

- Le premier chapitre donne une description détaillée du projet.
- Le deuxième chapitre met le point sur l'environnement de travail, son architecture et ses fonctionnalités.
- Le troisième chapitre décrit la phase d'analyse fonctionnelle et de la conception de la solution.
- Le quatrième chapitre met la lumière sur les différentes étapes de la concrétisation de la solution conçue.

Chapitre 1

Contexte général du projet

Dans ce chapitre, nous donnons une présentation détaillée de notre projet en mettant l'accent sur son cadre, ses objectifs ainsi que sur la démarche suivie pour sa mise en œuvre.

1. Cadre général

La logistique présente un facteur incontournable pour les entreprises qui veulent augmenter leur rentabilité et améliorer leur part de marché afin de rester en compétitivité. En effet, la logistique vise à assurer des conditions optimales à la circulation des marchandises, au sein de l'entreprise, ou lors des opérations de distribution physique entre les fournisseurs et leurs clients. En d'autres termes elle vise à gérer le flux interne et externe en cherchant le meilleur rapport qualité prix. Pour cela les entreprises sont amenées à bien contrôler ce métier en prenant les meilleures décisions stratégiques, aux bons moments et dans les meilleurs délais.

LYDEC étant consciente de l'importance de ce pilier de support, elle s'est penchée sur une série de projets, sous le cadre d'une démarche d'amélioration continue, pour optimiser la gestion de la chaîne logistique :

- **Modélisation, formalisation et optimisation des processus de la logistique :** constituent une grande partie du périmètre de la certification ISO9001, LYDEC a pu modéliser, formaliser et optimiser les processus de sa logistique qui seront détaillés ultérieurement.
- **Mise en place du module SAP MM :** pour centraliser et gérer en temps réel les données de sa logistique, LYDEC a mis en place le module SAP MM (Material Management) pour la gestion des achats et des approvisionnements.

Après la réalisation desdits projets, LYDEC veut renforcer sa logistique en offrant les informations aux décideurs qui leurs permettront de définir et de suivre les grands objectifs de l'organisation. LYDEC veut offrir aussi aux analystes les informations pour appuyer la haute direction et effectuer le suivi des opérations.

Notre projet, intitulé mise en place d'une solution décisionnelle autour de SAP BW, s'inscrit dans le cadre de cette perspective. Il vise à doter la logistique de LYDEC d'un système décisionnel permettant de fournir une vision unifiée et cohérente de l'information depuis la demande des biens jusqu'à leur livraison au service demandeur. Il vient pour compléter le module opérationnel SAP MM, avec un entrepôt de données actif, permettant d'analyser et d'optimiser les activités grâce à des applications thématiques adéquates.

2. Problématique

Une bonne gestion de la chaîne logistique est une nécessité pour répondre conformément à la demande des clients. Les approches habituelles de gestion de la chaîne logistique impliquent des analyses locales notamment en matière d'achats, de stocks ou de cycle des approvisionnements. Malheureusement, ces approches cloisonnées tendent à augmenter les niveaux de stocks dans toute la chaîne d'approvisionnement sans améliorer de manière significative le service à la clientèle. En effet, avec cette démarche, l'intégration et la synchronisation des flux physiques, des flux d'information et des flux financiers ne sont pas optimales.

Figure 1- Cloisonnements de la chaîne d'approvisionnement

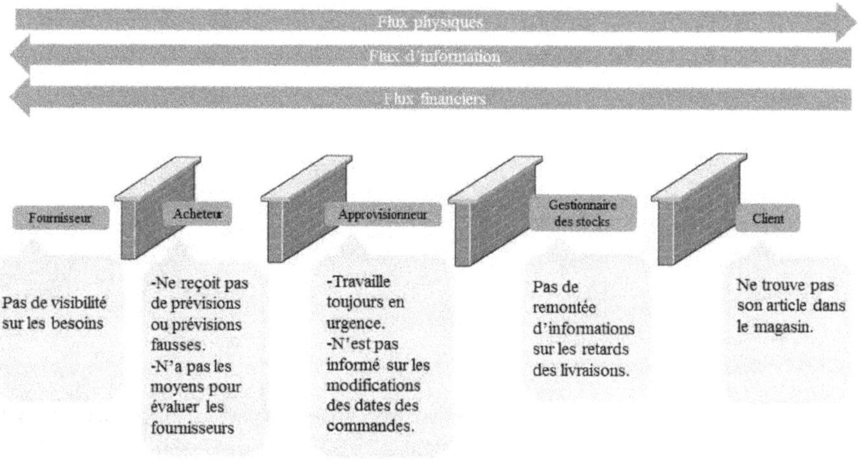

Source : Elaboration personnelle

Notre système décisionnel fournira la capacité de profiter de toute l'information détaillée, de tous les événements et de toutes les étapes de la chaîne d'approvisionnement. Il fournira également une analyse correcte de ces données qui permet d'améliorer le service à la clientèle sans accroître ni les stocks ni globalement les coûts d'approvisionnement.

LYDEC a mis en place du module SAP MM pour la gestion intégrée de son flux logistique qui permet de suivre les achats et les approvisionnements. Mais ce suivi ne permet pas de :

- Tracer les mouvements de stocks et les relier aux différents plans de l'entreprise.
- Prendre en compte les événements qui peuvent affecter toute la chaîne à partir de la demande client jusqu'à sa livraison.

Le module SAP MM permet également de suivre l'évolution de la chaîne d'approvisionnement, mais il ne permet pas d'analyser les événements pour identifier de multiples possibilités d'optimisation à différentes étapes de la chaîne. Ainsi une bonne connaissance des fluctuations de la demande permet un ajustement en cascade des plans pour assurer une meilleure conduite des opérations, et donc une utilisation plus rationnelle des ressources et une diminution des stocks.

L'apport essentiel de notre projet est de mettre à disposition des utilisateurs des données historiques qui permettent une vue complète, détaillée et transverse des activités. Cette complétude est obtenue par l'intégration de toutes les données relatives aux activités par une standardisation et une organisation des données de tous les systèmes opérationnels correspondants dans un gisement unique.

Figure 2- Applications opérationnelles et systèmes décisionnels

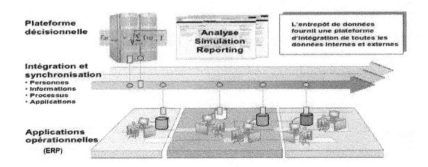

Source : http://www.decideo.fr/bruley/docs/Compilation_-_15_-_Logistique.pdf

Notre plateforme décisionnelle permettra également de :

- Affiner, au niveau le plus détaillé, les analyses amorcées par les tableaux de bord et de faciliter le passage de l'analyse à l'action.
- Autoriser le traitement de n'importe quelle question à n'importe quel moment.
- Suivre les évolutions du métier et de l'organisation en facilitant la mise en place de nouvelles façons de voir et de hiérarchiser les données historiques.
- Apporter un retour sur investissement très largement supérieur à toutes les autres solutions.

3. Objectifs du projet

Les principaux objectifs fixés par la mise en œuvre de ce système décisionnel sont :

- Délivrer la bonne information, au bon temps, à la bonne personne et sous le bon format.
- Mettre en place un outil orienté vers les opérationnels pour développer leurs besoins en matière de reporting et d'analyse.
- Une prise de décision facile et rapide pour l'ensemble des acteurs autour de SAP.
- Automatiser les processus d'achats et approvisionnement et favoriser le travail collaboratif.
- Explorer et exploiter l'ensemble des données de l'organisation afin d'effectuer le passage de données à information, d'analyse des grands ensembles à analyse individuelle (du macroscopique au microscopique), et de réaction à pro-action.
- Harmoniser les indicateurs et les analyses.
- S'adapter aux caractéristiques de l'organisation.
- Consolidation de l'information de gestion.
- Information de gestion plus détaillée avec calcul d'indicateurs de performance et présentée sous forme multi - dimensionnelle et sous forme de tableau de bord.
- Démocratisation de l'accès aux données et les outils d'exploitation appropriés.

4. Planification du projet

Le planning a été élaboré en se basant sur la démarche ASAP[1]. Le projet est structuré selon cinq grandes étapes :

La phase préparation : Elaboration d'une planification initiale et définition du projet.

L'entité métier responsable des achats et des approvisionnements a exprimé le besoin de se doter d'un système décisionnel pour l'aide à la décision, à l'instar de quelques entités de l'entreprise qui ont initié ce passage au décisionnel, tel que : Finances, Contrôle de gestion et Ressources Humaines. Notre travail consiste à répondre au besoin exprimé suivant le standard proposé par SAP.

La phase spécification : Documentation et analyse du processus des achats et des approvisionnements et du besoin.

Dans cette phase, nous explorons les outils de l'éditeur SAP ainsi que le métier de la logistique et plus précisément les processus des achats, des approvisionnements et de gestion des stocks avant de passer à la compréhension du besoin.

La phase conception : Conception du modèle à réaliser en se basant sur le besion exprimé.

Dans cette partie, nous explorons le standard (BI Content) offert par SAP pour répondre au besoin exprimé par le client. S'il ne le couvre pas, nous passons au dévelopement spécifique.

La phase réalisation : Réalisation de la solution définie dans la phase conception.

Nous réalisons la solution validée par le client dans la phase de conception sur le serveur de developpement, puis nous effectuons les tests techniques et fonctionnels dans le serveur de qualité.

La phase déploiement : Mise en production de la solution.

Après la validation des tests avec le client, nous préparons l'environnement dans le serveur de production pour la mise en place, puis nous rédigeons le guide d'utilisation et nous gèrons les autorisations, enfin nous mettons en production la solution avec un suivi continu des bugs.

---

[1] Accelerated SAP : voir annexe B

Diagramme GANTT

Le diagramme GANTT de notre projet se présente comme suit :

Figure 3- Planning du projet

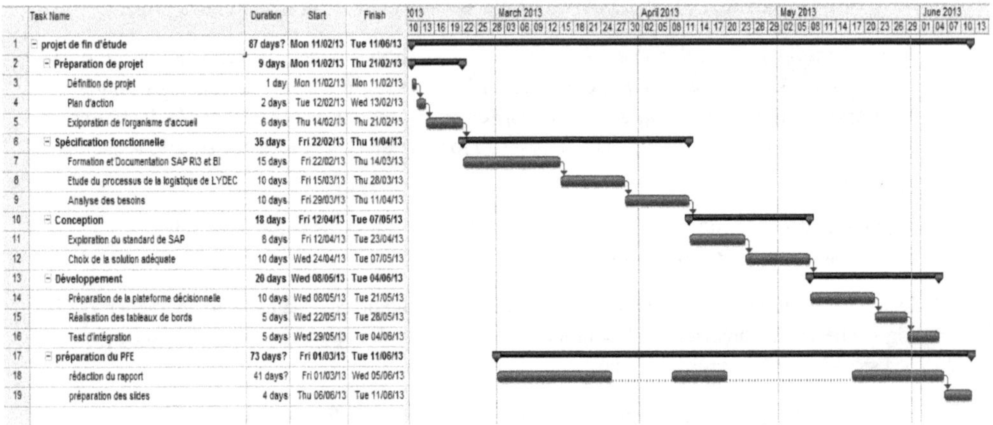

	Task Name	Duration	Start	Finish
1	projet de fin d'étude	87 days?	Mon 11/02/13	Tue 11/06/13
2	Préparation de projet	9 days	Mon 11/02/13	Thu 21/02/13
3	Définition de projet	1 day	Mon 11/02/13	Mon 11/02/13
4	Plan d'action	2 days	Tue 12/02/13	Wed 13/02/13
5	Exploration de l'organisme d'accueil	6 days	Thu 14/02/13	Thu 21/02/13
6	Spécification fonctionnelle	35 days	Fri 22/02/13	Thu 11/04/13
7	Formation et Documentation SAP Ri3 et BI	15 days	Fri 22/02/13	Thu 14/03/13
8	Etude du processus de la logistique de LYDEC	10 days	Fri 15/03/13	Thu 28/03/13
9	Analyse des besoins	10 days	Fri 29/03/13	Thu 11/04/13
10	Conception	18 days	Fri 12/04/13	Tue 07/05/13
11	Exploration du standard de SAP	8 days	Fri 12/04/13	Tue 23/04/13
12	Choix de la solution adéquate	10 days	Wed 24/04/13	Tue 07/05/13
13	Développement	20 days	Wed 08/05/13	Tue 04/06/13
14	Préparation de la plateforme décisionnelle	10 days	Wed 08/05/13	Tue 21/05/13
15	Réalisation des tableaux de bords	5 days	Wed 22/05/13	Tue 28/05/13
16	Test d'intégration	5 days	Wed 29/05/13	Tue 04/06/13
17	préparation du PFE	73 days?	Fri 01/03/13	Tue 11/06/13
18	rédaction du rapport	41 days?	Fri 01/03/13	Wed 05/06/13
19	préparation des slides	4 days	Thu 06/06/13	Tue 11/06/13

5. Conclusion

Dans ce chapitre, nous avons présenté le contexte général de notre projet de fin d'études au sein de LYDEC. Le chapitre commence par présenter l'essentiel de l'organisme d'accueil avant de passer, dans la section suivante, aux objectifs de notre projet de fin d'études ainsi que les démarches à suivre pour les atteindre.

18

Chapitre 2

Environnement de travail

Ce chapitre a pour vocation de cerner l'environnement de travail au moyen de donner une vision macroscopique sur les systèmes transactionnels et décisionnels ainsi que le métier de la logistique, et une autre microscopique sur les méthodes de leur mise en place, ainsi que sur leur exploitation pour extraire des supports d'aide à la décision consommables par un ensemble de décideurs ignorant l'outil informatique à travers une description de l'outil SAP, qui présente l'existant de l'entreprise, dans sa version ERP et BI.

1. Systèmes transactionnels

Cette section donne une idée générale sur le système transactionnel avant de décortiquer le logiciel SAP ERP, ses différents modules, sa position dans le marché mondial, tout en mettant l'accent sur le module SAP MM, qui présente la source de données de notre plateforme décisionnelle.

1.1. Notions sur l'ERP

Un ERP, pour *Enterprise Ressource Planning*, est l'acronyme anglais communément utilisé pour désigner ce qu'on appelle un Progiciel de Gestion Intégré (ou PGI).

Un ERP peut être défini comme un système dans lequel les différentes fonctions de l'entreprise, à savoir comptabilité, finances, production, approvisionnement, marketing, ressources humaines, qualité, maintenance... sont reliées entre elles par l'utilisation d'un système d'information centralisé autour d'une base de données unique et ayant une configuration client/serveur.

Le principe fondateur d'un ERP est de construire des applications informatiques sous forme de modules indépendants dont chacun correspond à l'une des fonctions précédemment citées.

L'utilisation d'un ERP donne accès à une multitude d'avantages dont :

- L'appartenance à un concepteur unique.
- La mise à jour de l'information en temps réel dans l'ensemble des autres modules grâce à un moteur de workflow, en cas d'impact d'un module.
- La garantie d'une piste d'audit : il est facile de retrouver et d'analyser l'origine de chaque information.
- La couverture de l'ensemble du Système d'Informations de l'entreprise. [2]

1.2. Progiciel SAP

1.2.1. Présentation de SAP

SAP est la première société mondiale dans le domaine des logiciels d'entreprise. Son siège se trouve à Walldorf, en Allemagne. Le développement de SAP suivit le concept de l'intégration. La gamme SAP, constituée de produits et de services, va de l'organisation des Finances et des Ressources humaines à la Fabrication, la vente et distribution. Ces différents modules sont divisés en chapitres. En effet, chacun de ces modules gère un domaine de l'organisation. Chaque module comprend des processus métiers fondés sur les expériences les plus significatives de l'entreprise dans ce domaine.

SAP fut fondée en 1972 à Mannheim, en Allemagne. Les cinq ingénieurs qui développèrent le concept de SAP appelèrent tout d'abord leur société : System analyse und Programmment wicklung (analyse de systèmes et développement de programmes). Leur objectif était de développer un ensemble de logiciels comprenant des solutions métiers garantissant un meilleur retour d'information. Leur petite entreprise grandit et devint : Systems, Applications, and Products in Data Processing(SAP), ce qui signifie systèmes, applications et produit pour le traitement de données. Dès le début, il était prévu que le système SAP devienne un logiciel global basé sur un concept comparable à une plate-forme multilingue et internationale. Ce but a été atteint en 1972 par la sortie de la version SAP R/3. [3]

1.2.2. Position de SAP sur le marché de l'ERP

Le « carré magique » du Gartner présente une vue globale sur les éditeurs de solutions ERP utilisés par les grandes entreprises ; ceux-ci sont classés selon deux critères :

- Capacité à déployer et commercialiser leurs solutions sur le marché.
- Capacité à anticiper et s'adapter aux besoins du marché.

Gartner s'appuie sur des enquêtes détaillées des clients, des interviews et propres recherches de Gartner pour construire son carré magique. En plus de l'analyse détaillée des fournisseurs, Gartner revoit également les grands marchés et les tendances de l'industrie.

Gartner conclut que SAP est le leader dans le marché mondial à travers sa gamme complète *SAP Business All-in-One* qui s'adapte avec tous les types d'entreprises.

Figure 4- Carré magique de Gartner en juin 2012

Source :Gartner

1.2.3. Modules de SAP R/3

SAP R/3 se base sur un fonctionnement modulaire qui permet plus de flexibilité pour son évolution et sa mise en place dans l'entreprise, il propose 3 catégories de modules : les finances - la logistique - les ressources humaine. LYDEC a la version SAP ECC 6.0 de R/3

SAP R/3 est entièrement paramétrable. Par ailleurs, grâce à son environnement de développement, SAP R/3 peut être adapté à des besoins spécifiques (développements en ABAP/4 - Advanced Business Application Programming).

La figure suivante illustre les modules de SAP par catégorie :

Figure 5- Modules de SAP R/3

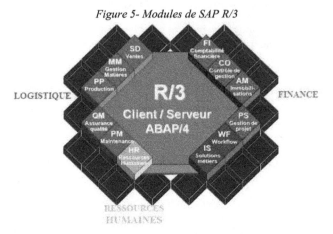

Source : *VUE D'ENSEMBLE DE L'ADMINISTRATION DES ACHATS DANS SAP R/3 V4.7 © 2005 Capgemini*

Les modules finances (rouges), les modules logistiques (les modules verts qui se trouvent à gauche) et ressources humaines (le module jaune), que propose SAP couvrent tous les domaines de l'entreprise et les gèrent de la façon la plus efficace possible. Brièvement, voici les fonctions que remplit chacun des modules :

- SD : gère les prospects, les commandes clients et les expéditions.
- MM : gère les achats, les stocks, les emplacements de stockage et les réapprovisionnements.
- PP : gère la production avec l'intégration complète de la planification.
- QM : gère le système d'assurance qualité pour toute la chaîne logistique.
- PM : gère la maintenance des équipements de production et des équipements généraux.
- HR : gère l'administration du personnel, la gestion des temps et des frais de déplacement, la planification des ressources, la gestion de l'organisation et des postes.
- FI : gère la comptabilité générale, la comptabilité clients, la comptabilité fournisseurs, la trésorerie et la consolidation du groupe.
- CO : gère le contrôle de gestion, les centres de coûts, le suivi d'opérations, l'analyse des marges, le calcul des prix de revient.
- AM : gère les immobilisations et les investissements.
- PS : gère financièrement et opérationnellement les projets (planning, tâches, charges, ressources, . . .).

- WF : gère automatiquement ou semi automatiquement des séquences d'activités métier.
- IS : gère des solutions métiers spéciales (Télécommunications, pharmacies,…).

Le paragraphe suivant se concentre sur le module MM (Material Management) qui sera traité dans notre projet. [4]

1.2.4. Vue d'ensemble sur le module MM

Ce module est une fonction centrale de SAP car il concerne l'ensemble des approvisionnements externes à l'entreprise, inter compagnies, et la gestion des stocks en quantité et valeur. Il fait partie intégrante des module de base de SAP R/3. Principalement, il permet :

- La gestion des données de base.
- La gestion des achats : contrat, appel d'offre, demandes d'achats, etc.
- Le calcul des besoins, des réapprovisionnements (MRP :Material Requirements Planning).
- Mouvements de stocks : réception de marchandises, entrées, sorties, transferts de stocks.
- Valorisation des stocks en intégration avec FI et inventaire. [4]

Figure 6- Vue d'ensemble sur SAP MM

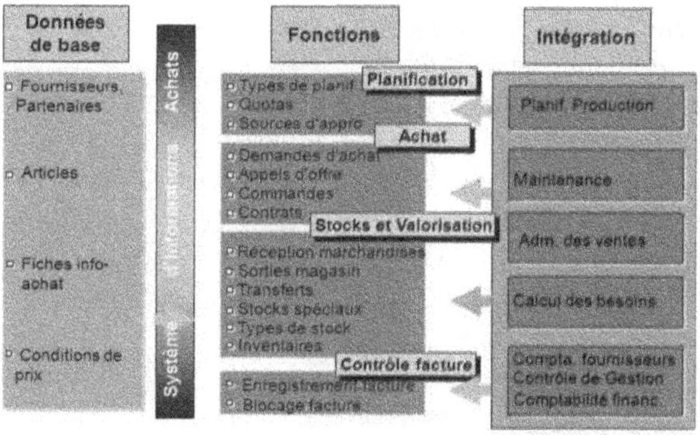

Source : *VUE D'ENSEMBLE DE L'ADMINISTRATION DES ACHATS DANS SAP R/3 V4.7 © 2005 Capgemini*

La figure ci-dessus présente une vue d'ensemble sur SAP MM en conrétisant les flux entre ses différents composants.

2. Systèmes décisionnels

Dans cette section, nous présentons les systèmes décisionnels, en mettant l'accent sur l'architecture de l'offre décisionnelle de SAP « SAP BW ».

2.1. Informatique Décisionnelle

2.1.1. Vision générale

L'informatique décisionnelle également nommée «Business Intelligence» a pour vocation de contribuer à répondre à des questions du genre : Que s'est-il passé ? Que se passe-t-il ? Pourquoi ? Comment l'expliquer ? Que peut-on faire ? Quelles sont les options ? Avec quels impacts ?

Ce vaste domaine recouvre les solutions informatiques apportant une aide à la décision avec des rapports et des tableaux de bord de suivi. L'objectif étant de traiter, valoriser, consolider, présenter les informations disponibles au sein des bases de données de l'entreprise à des fins de compréhension, d'analyse et de décision.

2.1.2. Domaines d'application de la BI

Toutes les activités de l'entreprise sont concernées par les systèmes décisionnels :

- **Le contrôle de gestion** pour l'analyse des coûts, l'analyse de la rentabilité, l'élaboration budgétaire, les indicateurs de performance…
- **Le marketing** pour le ciblage, le pilotage de gamme, les applications de géomarketing, de fidélisation clients…
- **La direction commerciale** pour le pilotage des réseaux (directs ou indirects), les prévisions des ventes, l'optimisation des territoires…
- **Les ressources humaines** pour la gestion des carrières, la gestion collective…
- **La direction de la production** pour l'analyse qualité, la prévision des stocks, la gestion des flux, la fiabilité industrielle…
- **La direction générale** pour les tableaux de bord, indicateurs de pilotage, gestion d'alertes…

2.1.3. Composition d'un système BI

Une application de Business Intelligence regroupe principalement quatre grands domaines :

- **ETL/Alimentation**

L'outil ETL (Extract, Transform and Load) récupère les données et les centralise dans une base de données particulière appelée datawarehouse, datamart ou entrepôt de données.

- **Datawarehouse/DataMart**

Il s'agit d'une base de données dédiée recueillant et gérant toutes les données collectées, transformées et préparées à des fins de traitement décisionnel. Les outils d'analyse accèdent directement à ces données.

Un datawarehouse est une architecture de données orientées métier (business), historisées, non volatiles, intégrées et consolidées, organisées pour être représentatives à l'égard d'un processus décisionnel, alors qu'un DataMart « Magasin de données » est un sous-ensemble du Datawarehouse structuré et formaté en fonction d'un métier précis ou d'un usage particulier (datamart commercial, datamart financier, ...).

- **Analyse multidimensionnelle**

Cette phase permet de faciliter l'accès à l'information, à travers des outils dédiés qui permettent d'analyser l'indicateur en naviguant dans les axes d'analyse (temps, région,...).

- **Reporting et restitution**

Cette partie permet de fournir la bonne information, au bon interlocuteur et sous la bonne forme à travers, généralement, un tableau de bord. [5]

Le schéma ci-dessous illustre l'architecture BI, et montre l'orchestration des différents éléments pour former un environnement de BI :

Figure 7- Architecture d'un environnement décisionnel

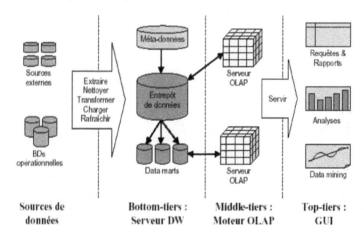

Source : http://business-intelligence.developpez.com/tutoriels/quest-ce-que-la-bi/

2.1.4. Recensement des solutions BI utilisées

Le « carré magique » du Gartner présente une vue globale des éditeurs de solutions BI utilisées par les grandes entreprises.

Figure 8- Carré magique de Gartner en Février 2013

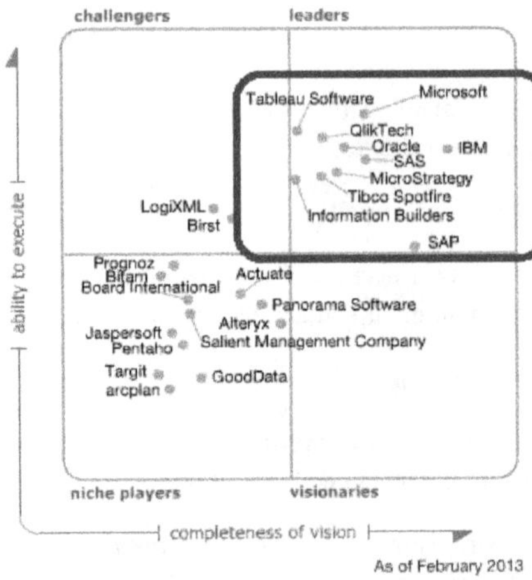

Source : Gartner

Le schéma ci-dessus identifie les solutions les plus utilisées actuellement dans les grandes organisations : elles apparaissent entourées en bleu sur le carré: SAP, IBM, Microsoft, SAS…etc.

2.2. SAP NetWeaver BI

2.2.1. Introduction

SAP BI (Business Intelligence) est l'offre décisionnelle de SAP. Elle est composée de plusieurs modules : KM (Knowledge Management), SEM (Strategic Enterprise Management) et BW (Business Information Warehouse).

2.2.2. Présentation de SAP BW

SAP Business Information Warehouse, couramment appelé SAP BW, est un outil d'entrepôt de données complet, de l'extraction des données des systèmes sources à la restitution de ces dernières. Cette offre répond aux besoins existants des entreprises utilisant SAP ERP (R/3 ou les versions ultérieures : ECC, mySAP…).

SAP BW est l'une des solutions rares de datawarehouse qui offrent un produit totalement intégré sous forme d'interface qui permet de l'administrer et le surveiller. L'administration est disponible à travers *l'administrator Workbench (AWB)*. [6]

2.2.3. Architecture de SAP BW

SAP BW se compose de quatre couches principales :

- **Services d'administration**

Les services d'administration comprennent tous les services nécessaires pour administrer un système SAP BW. Les services d'administration sont disponibles via le Workbench Administrator (AWB), un point d'entrée unique pour le développement, l'administration et la maintenance de l'entrepôt de données dans SAP BW. [7]

- **Data Warehousing**

La couche *Data Warehousing* présente la zone de préparation et de présentation des données. Elle propose un certain nombre d'options pour le stockage des données :

Extraction, transformation et chargement (ETL)

Cette couche assure les services d'extraction, transformation, et chargement des données. Elle est capable d'extraire des données depuis les sources SAP ou non-SAP à travers des interfaces. [7]

DataSource

Un DataSource est un outil d'exportation des données depuis le système source ECC qui contient les données que l'on désire extraire vers BW. Ce DataSource est constitué d'une structure d'extraction contenant les champs que l'on veut extraire vers BW. [7]

PSA

La PSA (Persistent Storage Area) est l'entité de stockage qui intervient facultativement au début du processus d'alimentation des cubes. Elle va contenir les données telles qu'elles existent dans le système opérationnel. Ce sont donc les données à l'état brut, n'ayant subi aucune modification. [7]

ODS

L'ODS (Operational DataStore) est une structure multi-niveaux de stockage de données détaillées. En réalité, l'ODS est un ensemble d'objets ODS stockés individuellement sous un modèle relationnel. En résumé, un objet ODS peut être vu comme une brique de base de l'entrepôt de données permettant d'analyser en détail le statut d'une information à un moment précis. [7]

InfoObjets

Ce sont les briques de construction de tous les objets qui vont découler du data warehouse SAP BW, par exemple les structures d'analyse et les requêtes. Ils sont le niveau de description le plus bas des objets utilisés dans un processus métier et les informations qui y sont requises. On distingue quatre types d'InfoObjets : les ratios qui présentent les indicateurs de performance (aussi appelés en anglais *Key Figures*), les caractéristiques, les unités, et les caractéristiques temporelles qui présentent les axes de l'analyse des ratios. [7]

InfoCube

C'est un conteneur de données multidimensionnelles servant de base pour l'analyse et le reporting dans SAP BW. Un InfoCube consiste en des ratios et caractéristiques regroupés en dimensions. BW est limité à 16 dimensions dont 3 réservées pour le temps, les unités et les identifiants de chargements (à chaque chargement d'un cube, un identifiant est généré). [7]

Données de base (Master Data)

Les données de base sont les données sur lesquelles l'activité est basée au quotidien. Elles permettent une utilisation centralisée des données sur lesquelles reposent plusieurs domaines de l'entreprise (exemple : les articles sont gérés à la fois par la comptabilité et le stock), ce qui évite les redondances au niveau de la base de donnée. [7]

- **Plateforme BI**

Cette couche gère les services d'analyse pour accéder et analyser les données stockées dans le Data Warehouse. Ces services se basent essentiellement sur le moteur OLAP, DataMining. [7]

Suite Business Explorer

Connue sous le nom Bex, cette suite permet de travailler sur la zone de restitution des données ou création et visualisation de requêtes utilisateurs. Ses principaux composants sont : Bex Analyser, BEx Web Analyzer et Bex Query Designer. [7]

BEx Analyzer

Bex Analyser est l'outil traditionnel de SAP BW permettant l'analyse multidimensionnelle et la création des rapports à partir des données de SAP BW. Le BEx Analyzer est implémenté comme une addition à Microsoft Excel. [7]

BEx Web Analyzer

C'est un outil qui fournit et analyse les données de SAP BW à travers un navigateur web. [7]

Bex Query Designer

Elément du Bex, c'est l'outil de création des requêtes sur les Multi-Cubes, les Cubes et les ODS. [7]

La figure suivante montre l'architecture en couche de SAP BW :

Figure 9- Architecture en couche de SAP BW

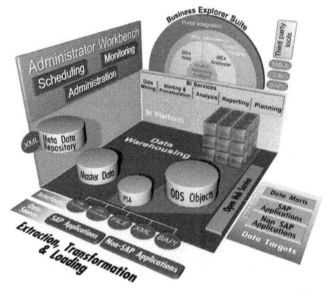

Source: Business Information Warehouse Concepts Copyright 2001 SAP AG

2.2.4. Business Content

Un avantage majeur de SAP BW par rapport à ses concurrents sur le marché de la BI est le Business Content. Le Business Content est composé d'un grand nombre de modèles d'informations prédéfinis et un ensemble de programmes d'extraction de données depuis les applications SAP R/3. Le Business Content contient un modèle d'information complet couvrant la plupart des processus métier disponibles aujourd'hui dans les applications SAP.

Chaque fois que le système source est une application de SAP R/3, même le processus d'extraction est déjà en place. SAP a été constamment accroître la couverture du contenu d'entreprise et commencé à l'utiliser pour mettre en œuvre des applications, par exemple, la gestion de la relation client et la gestion de la chaîne logistique.

Le Business Content peut être utilisé pour :

- L'installation et l'activation des InfoCubes complets, avec tous les objets nécessaires tout au long du flux de données (programmes d'extraction, Infosources, les règles de transfert / mise à jour, requêtes)
- Activation des objets uniques et utiles à divers niveaux, tels qu'InfoObjects, InfoSources, ou règles de transfert.

- Utilisation de Business Content comme un référentiel d'exigences standards du métier et des idées de modélisation. [6]

3. Chaîne logistique

C'est l'ensemble des flux physiques, d'information et financiers qui relient les clients et leurs fournisseurs depuis les matières premières jusqu'aux utilisateurs finaux. Le *supply chain management* « Gestion de la chaîne logistique », met en œuvre des outils et des méthodes permettant d'automatiser et d'améliorer les approvisionnements, en réduisant les stocks et les délais de livraison .Ces outils s'appuient sur le système d'information de l'entreprise et sont fortement corrélées aux progiciels de gestion intégrée (ERP) tels que SAP.

La chaîne logistique regroupe un ensemble de processus entre autres : transport, achats, gestion des stocks, service à la clientèle, planification de la production, approvisionnements, distribution, etc.

Par la suite nous allons nous focaliser sur les processus Achats, Approvisionnement et gestion de stocks. [8]

3.1. Fonction Approvisionnement

La fonction approvisionnement a pour rôle d'organiser, de planifier et de contrôler l'ensemble des stocks appartenant à l'entreprise. Son objectif principal est l'établissement d'un équilibre entre la qualité de service et les coûts de possession de stock. [8]

3.2. Fonction Achats

La fonction achats est l'interface de l'entreprise avec les fournisseurs externes. L'achat ne se résume pas uniquement aux marchandises, matières et fournitures ou services destinés à la production. [8]

3.3. Gestion des Stocks

Le processus de stockage permet de gérer les articles disponibles dans l'entreprise en vue de satisfaire les besoins à venir à l'aide d'outils logistiques et d'un système d'information performant pour d'organisation. Ces besoins seront à satisfaire au bon moment, dans les bonnes quantités et d'une manière permettant la bonne utilisation du stock. [9]

4. Conclusion

Dans ce chapitre sont exposées les notions de base des domaines desquels relève notre projet de fin d'études à savoir les ERPs, la BI et la logistique. Nous avons présenté la théorie de base pour lesdits domaines avant de passer à un descriptif technique des solutions R/3 et BW de l'éditeur SAP, que nous avons utilisé durant toutes les phases de notre projet.

Chapitre 3

Dossier d'analyse et de conception

La modélisation représente le pilier et la clé de réussite de tout système décisionnel. Elle constitue la phase la plus importante, critique et déterminante dans le déroulement du projet. Ce chapitre donne une description détaillée du processus des achats et des approvisionnements de LYDEC, une analyse des besoins exprimés ainsi que les éléments qui constituent notre solution recouvrant les besoins.

1. Analyse fonctionnelle

Dans cette section, nous analysons, profondément, le processus des achats et des approvisionnements de l'entreprise pour dégager les besoins de la direction d'Achat et Marché (DAM).

1.1. Processus des achats et des approvisionnements

1.1.1. Finalité

Ce processus a pour finalité d'acquérir et mettre à disposition des entités internes de l'entreprise des biens et des services conformes aux spécifications prédéfinies, à moindre coût et dans les délais convenus.

1.1.2. Périmètre

La gestion de la logistique à l'entreprise est assurée en centrale par la Direction des Achats et Marché. Ce processus traite des achats des biens physiques et des prestations de service dans les domaines de l'électricité, de l'eau, d'assainissement, de l'éclairage public et du commun. Elles sont exclues les demandes d'achat pour :

- Fluides eau et électricité.
- Certaines prestations (contrats d'assurances de toutes natures, contrats de crédit-bail, contrat de conseil juridique, contrat avec les avocats, contrat avec les notaires, contrat pour assistance scientifique, contrat pour assistance médicale, contrats de services financiers et d'assistance de banque d'affaires et contrats d'emprunts).

1.1.3. Cartographie

Le processus regroupe trois sous-processus comme le montre le schéma ci-dessous:

Figure 10- Cartographie du processus des achats et des approvisionnements

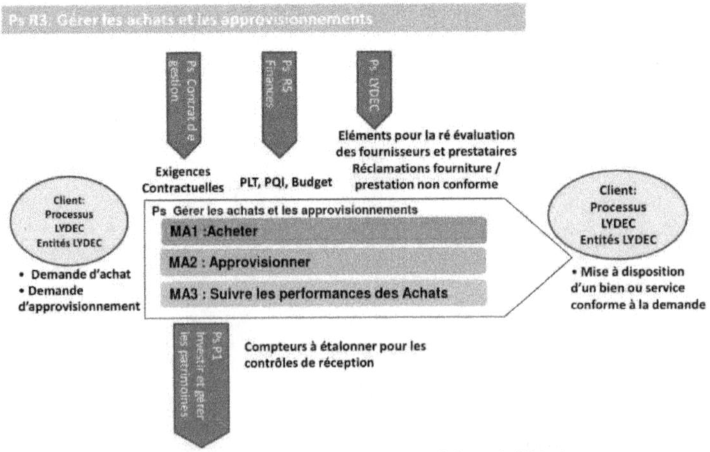

Source : Guide du Système de management de la qualité à Lydec

Demande d'achat ou d'approvisionnement

Les demandes d'achat et d'approvisionnement sont saisies sur SAP par le demandeur.

Un bien et/ou service conforme

Le produit de sortie est un bien physique ou une prestation de service acheté à moindre coût pour répondre à la spécification demandée et livré dans les délais convenus.

- **Sous processus « Acheter »**

Ce sous processus contient les procédures suivantes :

Anticiper les besoins en achat

Cette procédure a pour objet de décrire le déroulement de l'anticipation des prévisions des achats trimestriels des entités de l'entreprise.
Cette anticipation des besoins est très importante surtout quand il s'agit de projets spécifiques qui sortent des consommations habituelles. La DAS, pour satisfaire les besoins des projets annuels et trimestriels doit être saisie suffisamment tôt pour consulter les fournisseurs et négocier les prix et les délais.

Acheter par bon de commande

Cette procédure décrit les différentes étapes des achats par consultations restreintes.

Acheter par appel d'offres

Cette procédure décrit les étapes de sélection des fournisseurs de travaux, fournitures et services par des appels d'offres.

Créer et suivre les contrats sous SAP

Cette procédure a pour objet de définir les modalités de suivi des contrats d'achats de produits et services, de commandes, de leur création jusqu'à leur retrait de la base SAP.

- **Sous processus « Approvisionner »**

Ce sous processus contient les procédures suivantes :

Passer les commandes

Cette procédure a pour objet de décrire le circuit d'achat des articles stockés et non stockés conformément aux besoins exprimés par l'ensemble des entités l'entreprise.

Réceptionner les biens stockés

Cette procédure a pour objet de décrire les instructions à réaliser pour la réception et les contrôles des biens stockés, en vue de minimiser les impacts des non conformités des articles destinés à l'exploitation des réseaux Eau, Assainissement, Electricité et Eclairage Public.

Réceptionner les biens non stockés

Cette procédure a pour objet la maîtrise des activités relatives à la réception des biens non stockés.

Gérer les mouvements des stocks

Cette procédure a pour objet de décrire les opérations de rentrée, de sortie et du transfert du matériel du Magasin Central.

Gérer l'approvisionnement en stock constant

Cette procédure explique la gestion des approvisionnements des magasins l'entreprise en matériels stockés.

- **Sous processus « Suivre les performances des achats »**

Ce sous processus contient les procédures suivantes :

Réévaluer les fournisseurs

Cette étape a pour objectif de réévaluer de manière rationnelle les fournisseurs de l'entreprise en suivant en aval et en continu leurs performances, afin d'engager avec eux des plans d'actions pour améliorer leurs prestations ou les exclure du panel des fournisseurs.

Suivre les objectifs et les indicateurs

Il s'agit de suivre en permanence les performances du processus d'achats à travers les objectifs et d'engager des actions d'améliorations.

Suivre les réclamations achats des clients internes

Gérer les activités de traitement et de suivi des réclamations des clients internes et des fournisseurs d'une manière centralisée :

1.2. Analyse des besoins par poste

En analysant le processus correspondant à la gestion des achats et des approvisionnements, nous avons décidé de recenser les besoins de ses principales fonctions : l'acheteur, l'approvisionneur, le gestionnaire des stocks et le gestionnaire administratif. Dans ce qui suit nous présentons les indicateurs de performance et les résultats attendus par chaque poste.

1.2.1. Acheteur

L'acheteur a pour mission de mettre à disposition des utilisateurs des produits et services aux meilleures conditions de prix, qualité et délais gérés sous des contrats pour sécuriser et pérenniser les approvisionnements.

Indicateurs de performance du poste

- Taux de postes de commandes livrés hors délais.
- Economies sur achats.
- Délai moyen des ruptures de stock.
- Délai de passation des commandes.

Besoins du poste

- Augmentation du nombre d'articles gérés sous contrat.
- Optimisation du rapport qualité / prix dans les meilleures conditions de délais et de sécurité.
- Diminution du nombre d'anomalies.
- Amélioration des économies par une mise en concurrence régulière des fournisseurs.
- Pas de rupture de stock.

1.2.2. Approvisionneur

L'approvisionneur assure l'approvisionnement des biens et services nécessaires au bon fonctionnement des entités de l'entreprise dans les meilleures conditions de prix, de délais, de qualité et de sécurité.

Indicateurs de performance du poste

- Délais de traitement des demandes d'achat.
- Délais de passation des commandes.
- Taux de postes de commandes livrés hors délais.
- Economies mensuelles sur achats.
- Délai moyen des vraies ruptures.

Besoins du poste

- Produits livrés dans les délais.
- Produits livrés de bonne qualité et conformes aux spécifications des utilisateurs.
- Stocks optimisés sans rupture.
- Economies générées par la mise en concurrence des fournisseurs.

1.2.3. Gestionnaire des stocks

Le gestionnaire des stocks a pour mission d'optimiser les stocks des articles référencés par LYDEC et d'assurer le réapprovisionnement des stocks.

Indicateurs de performance du poste

- Couverture moyenne des stocks.
- Nombre de ruptures de stock.
- Délais de livraison des entités de l'entreprise.
- Nombre de réclamations des clients internes (qualité, quantité et délai de livraison).
- Couverture des consommations par le stock.

Besoins du poste

- Stocks optimisés sans vraies ruptures.
- Reporting fiable de l'activité de gestion des stocks.
- Matériels stockés et livrés sans anomalies.
- Distribution de matériel dans les délais.
- Eviter les ruptures des stocks et les surstocks du matériel.

1.2.4. Gestionnaire administratif

Ce poste a pour mission de produire et analyser les indicateurs du carnet de santé et le reporting de l'activité de la DAM et de suivre les budgets d'exploitation et d'investissement et la réévaluation des fournisseurs.

Indicateurs de performance du poste

- Respect des délais pour produire les indicateurs et le suivi du budget.
- Réévaluation trimestrielle des fournisseurs.
- Taux de postes de commandes importés livrés hors délais.

Besoins du poste

- Réévaluation régulière des fournisseurs.

Le processus des achats et des approvisionnements étant analysé et les besoins étant dégagés, nous passant à la conception de la solution qui couvre ledit processus et répond aux besoins clients.

2. Conception de la solution

La phase de conception vient après celle de l'analyse des besoins. Cette phase se focalise sur la modélisation de la solution décisionnelle cible. Ainsi, dans cette section, nous présentons l'approche suivie dans cette phase, et nous détaillons les différents InfoCubes conçus pour l'entité de la logistique.

2.1. Approche de conception

Les deux approches les plus connues en conception de Datawarehouse sont :

- L'approche basée sur les besoins d'analyse.
- L'approche basée sur les sources des données.

L'approche la plus convenable à notre projet est celle basée sur les besoins d'analyse. Elle est aussi appelée « approche descendante » (Top-Down Approach) et est proposée par Ralph KIMBALL.

Pour Ralph KIMBALL, le datawarehouse est constitué de l'agrégation des différents Datamarts. Les Datamarts sont les subdivisions logiques du Datawarehouse. KIMBALL met en avant le développement itératif et incrémental du Datawarehouse, chaque itération devant correspondre au traitement d'un sujet particulier et donc à la création d'un nouveau Datamart.

Dans notre projet, nous avons projeté les besoins de la Direction des Achats et Marché sur le standard Business Content décrit précédemment. En effet, nous avons choisi les objets (InfoCubes, DataSources,ODS…) qui répondent aux besoins des clients (Acheteur, Approvisionneur,…). Notre choix s'est fixé finalement sur quatre cubes, avec leurs DataSources et leurs ODS, que nous détaillons dans le paragraphe suivant.

2.2. Choix des InfoCubes

2.2.1. Données achats : 0PUR_C01

- **Objectif**

Le cube 0PUR_C01 (Données d'achats) permet d'effectuer des analyses sur les articles et les fournisseurs. Il permet de trouver des réponses à des questions comme : quels sont les articles qui ont été commandés auprès d'un fournisseur et quel est le prix de chacun d'eux ?

- **Sources de données**

L'infocube 0PUR_C01 charge ses données à partir des DataSources suivants :

Tableau 1- Sources de données de l'InfoCube 0PUR_C01

Sources de données	Nom technique	Description	Mode d'extraction
Données d'achat (au niveau poste de doc.)	2LIS_02_ITM	fournir les données de base pour l'analyse des documents d'achat.	LO Cockpit (voir annexe A)
Données achats (niveau de l'échéance)	2LIS_02_SCL	extraire les données de base pour l'analyse des documents d'achat à un système BW.	LO Cockpit

Source : SAP NetWeaver 7.01 BI Content 7.06 SP 05

- **Table de faits**

L'InfoCube 0PUR_C01 contient plusieurs mesures « Key Figures » présentées sous forme des InfoObjets :

Tableau 2- Table de fait de l'InfoCube 0PUR_C01

InfoObjet	Description
0DELIVERIES	Nombre de livraisons
0DEL_DT_VR1	Ecart des dates de livraison 1 (voir annexe A)
0DEL_DT_VR2	Ecart des dates de livraison 2
0DEL_DT_VR3	Ecart des dates de livraison 3
0DEL_DT_VR4	Ecart des dates de livraison 4
0DEL_DT_VR5	Ecart des dates de livraison 5
0QTY_DEV_1	Ecart de la quantité de livraison 1
0QTY_DEV_2	Ecart de quantité de livraison 2
0QTY_DEV_3	Ecart de quantité de livraison 3
0QTY_DEV_4	Ecart de quantité de livraison 4
0QTY_DEV_5	Ecart de quantité de livraison 5
0IR_VAL_RET	Montant de la facture - retours
0WTDDELTIME	Total de la durée de livraison pondéré

0EFF_VAL_RE	Valeur réelle de commande - Retours
0GR_VAL	Valeur de l'entrée de marchandises en devise interne
0GR_VAL_PD	Valeur EM à la date comptable
0INV_RC_QTY	Quantité EF à la date comptable
0INV_RC_VAL	Montant de la facture à la date comptable
0GR_QTY	Quantité EM réelle
0GR_QTY_RET	Quantité EM - Retours
0GR_QTY_WDT	Quantité totale EM en unité de base (pour calcul délai de livraison pondéré)
0GR_VAL_R_P	Valeur EM - Retours à la date comptable
0INVCD_AMNT	Montant facture
0IR_QTY_RET	Quantité d'entrée de facture - Retours
0IR_QTY_R_P	Quantité EF - retours à la date comptable
0IR_VAL_R_P	Valeur EF - Retours à la date comptable
0IV_REC_QTY	Quantité d'entrée de facture
0ORDER_VAL	Valeur réelle de commande
0TAR_DL_QTY	Quantité livrée planifiée
0PO_QTY_RET	Quantité commandée - retours
0CONTR_ITEM	Nombre de postes du contrat
0DEL_SCHEDS	Nombre d'échéances du programme de livraison
0PO_ITEMLNS	Nombre d'échéances de la commande
0PO_ITEMS	Nombre de postes de commande d'achat (voir annexe A)
0PO_QTY	Quantité de commande
0RFQ_ITEMS	Nombre de postes de l'appel d'offres
0SCH_AGR_IT	Nombre de postes du programme de livraison
0TOTDELTIME	Total des délais de livraison

Source : SAP NetWeaver 7.01 BI Content 7.06 SP 05

- **Dimensions**

L'InfoCube 0PUR_C01contient plusieurs axes d'analyse « Characteristics » présentées sous forme des InfoObjets :

Tableau 3- Dimensions de l'InfoCube 0PUR_C01

Dimension	InfoObjet	Description
Date/heure	0CALDAY	Jour calendaire
	0CALMONTH	Année civile/mois
	0CALWEEK	Année civile / semaine
	0FISCVARNT	Version d'exercice comptable
	0FISCPER	Exercice comptable/période
Organisation d'achats	0PURCH_ORG	Organisation d'achats
Division	0PLANT	Division
Groupe de marchandises	0MATL_GROUP	Groupe de marchandises
Unité	0LOC_CURRCY	Devise interne
	0BASE_UOM	Unité de quantité de base
Contrats	0CT_FLAG	Code pour contrats
Clé de pays	0COUNTRY	Clé de pays
Numéro de la fiche infos-achats	0INFO_REC	Numéro de la fiche infos-achats
Type de la fiche infos-achats	0INFO_TYPE	Type de la fiche infos-achats
Numéro d'article	0MATERIAL	Article
Numéro de fournisseur	**0VENDOR**	Fournisseur

Source : SAP NetWeaver 7.01 BI Content 7.06 SP 05

2.2.2. Evaluation des fournisseurs : 0PUR_C02
- **Objectif**

Cet InfoCube permet d'afficher les résultats d'évaluation des fournisseurs. Sur la base de ces données, on peut comparer les fournisseurs les uns avec les autres. On peut vérifier si un fournisseur donné fournit un article dans le délai fixé et avec la quantité désirée. En se basant sur la disponibilité des résultats de la période précédente et ceux qui sont en cours, on peut également vérifier si les performances des fournisseurs s'améliorent ou se détériorent.

- **Sources de données**

L'infocube 0PUR_C02 charge ses données à partir du DataSources suivant :

Tableau 4- Source de données de l'InfoCube 0PUR_C02

Source de donnée	Nom technique	Description	Mode d'extraction
Evaluation des fournisseurs	2LIS_02_S013	Fournir les scores à partir du centre de l'évaluation des fournisseurs dans les achats.	Générique (voir annexe B)

Source : SAP NetWeaver 7.01 BI Content 7.06 SP 05

- **Table de faits**

L'InfoCube 0PUR_C02contient plusieurs mesures « Key Figures » présentées sous forme des InfoObjets :

Tableau 5- Table de fait de l'InfoCube 0PUR_C02

InfoObjet	Description
0ONT_DEL_1	Note 1 valorisant le respect des délais
0ONT_DEL_2	Note 2 valorisant le respect des délais
0QA_SCORE_1	Note 1 valorisant l'audit qualité
0QA_SCORE_2	Note 2 valorisant l'audit qualité
0QTY_REL_1	Note 1 valorisant le respect des quantités
0QTY_REL_2	Note 2 valorisant le respect des quantités
0SHIP_NOT_1	Note 1 Avis de livraison
0SHIP_NOT_2	Note 2 Avis de livraison
0SHP_INS_1	Note 1 pour le respect des consignes d'expédition
0SHP_INS_2	Note 2 pour le respect des consignes d'expédition
0SRV_QUAL_1	Note 1 : qualité du service
0SRV_QUAL_2	Note 2 valorisant la qualité du service
0SRV_TIME1	Note 1 : respect date du service
0SRV_TIME2	Note 2 valorisant le respect des dates des services
0VAR_SHP_1	Note 1 Ecart sur avis de livraison
0VAR_SHP_2	Note 2 Ecart sur avis de livraison

Source : SAP NetWeaver 7.01 BI Content 7.06 SP 05

- **Dimensions**

L'InfoCube 0PUR_C02contient plusieurs axes d'analyse « Characteristics » présentées sous forme des InfoObjets :

Tableau 6- Dimensions de l'InfoCube 0PUR_C02

Dimension	InfoObjet	Description
Date/heure	0CALDAY	Jour calendaire
	0CALMONTH	Année civile/mois
	0CALWEEK	Année civile / semaine
	0FISCVARNT	Version d'exercice comptable
	0FISCPER	Exercice comptable/période
Organisation d'achats	0PURCH_ORG	Organisation d'achats
Division	0PLANT	Division
Numéro d'article	0MATERIAL	Article
Numéro de la fiche infos-achats	0INFO_REC	Numéro de la fiche infos-achats
Type de la fiche infos-achats	0INFO_TYPE	Type de la fiche infos-achats
Numéro de fournisseur	0VENDOR	Fournisseur

Source : SAP NetWeaver 7.01 BI Content 7.06 SP 05

2.2.3. Groupe d'acheteurs : 0PUR_C04

- **Objectif**

Le cube 0PUR_C04 (Groupe d'acheteurs) permet d'analyser les activités d'achat pour un groupe d'acheteurs telles que les montants facturés et le nombre de livraisons effectuées.

- **Sources de données**

L'infocube 0PUR_C04 charge ses données à partir des datasources suivants :

Tableau 7- Sources de données de l'InfoCube 0PUR_C04

Sources de données	Nom technique	Description	Mode d'extraction
Données d'achat	2LIS_02_HDR	extraire les données de base pour l'analyse des documents d'achat cohérente à un système BW.	LO Cockpit (voir annexe B)
Données d'achat (au niveau poste)	2LIS_02_ITM	fournir les données de base pour l'analyse des documents d'achat.	LO Cockpit
Données achats (niveau de l'échéance)	2LIS_02_SCL	extraire les données de base pour l'analyse des documents d'achat à un système BW.	LO Cockpit

Source : SAP NetWeaver 7.01 BI Content 7.06 SP 05

- **Table de faits**

L'InfoCube 0PUR_C04 contient plusieurs mesures « Key Figures » présentées sous forme des InfoObjets :

Tableau 8- Table de fait de l'InfoCube 0PUR_C04

InfoObjet	Description
0CONTR_ITEM	Nombre de postes du contrat
0DELIVERIES	Nombre de livraisons
0DEL_SCHEDS	Nombre d'échéances du programme de livraison
0INVCD_AMNT	Montant facture
0NO_PUR_ORD	Nombre de commandes
0NO_REQ_QUT	Nombre de demandes d'offres
0ORDER_VAL	Valeur réelle de commande
0PO_ITEMLNS	Nombre d'échéances de la commande
0PO_ITEMS	Nombre de postes de commande d'achat.
0RFQ_ITEMS	Nombre de postes de l'appel d'offres
0SCHED_AGR	Nombre de programmes de livraison (voir annexe A)
0SCH_AGR_IT	Nombre de postes du programme de livraison
0CONTRACTS	Nombre de contrats

Source : SAP NetWeaver 7.01 BI Content 7.06 SP 05

- **Dimensions**

L'InfoCube 0PUR_C04 contient plusieurs axes d'analyse « Characteristics » présentées sous forme des InfoObjets :

Tableau 9- Dimensions de l'InfoCube 0PUR_C04

Dimension	InfoObjet	Description
Date/heure	0CALDAY	Jour calendaire
	0CALMONTH	Année civile/mois
	0CALWEEK	Année civile / semaine
	0FISCVARNT	Version d'exercice comptable
	0FISCPER	Exercice comptable/période
Organisation d'achats	0PURCH_ORG	Organisation d'achats
Version	0VERSION	Version
Groupe d'acheteurs	0PUR_GROUP	Groupe d'acheteurs
Fournisseur	0VENDOR	Fournisseur
Unité	0LOC_CURRCY	Devise interne

Source : SAP NetWeaver 7.01 BI Content 7.06 SP 05

2.2.4. Stocks articles/mouvements de stock 0IC_C03
- **Objectif**

Cet InfoCube permet d'évaluer les stocks gérés par l'ERP. En effet, il permet d'analyser la quantité de stocks ainsi que les entrées et les sorties des articles pour contrôler et gérer le changement des stocks et le réapprovisionnement.

- ## Sources de données

L'InfoCube 0IC_C03 charge ses données à partir des datasources suivants :

Tableau 10- Sources de données de l'InfoCube0IC_C03

Sources de données	Nom technique	Description	Mode d'extraction
initialisation de stock	2LIS_03_BX	Transférer les données des stocks à partir d'un système SAP ECC vers SAP BW.	Extraction générique
Mouvements de stocks	2LIS_03_BF	Fournir les données pour les mouvements des stocks depuis le module MM-IM.	LO Cockpit
Revalorisations des stocks	2LIS_03_UM	Fournir les données pour la revalorisation des stocks depuis le module MM-IM(gestion des stocks).	LO Cockpit

Source : SAP NetWeaver 7.01 BI Content 7.06 SP 05

- ## Table de faits

L'InfoCube 0IC_C03 contient plusieurs mesures « Key Figures » présentées sous forme des InfoObjets :

Tableau 11-Table de fait de l'InfoCube 0IC_C03

InfoObjet	Description
0RECVS_VAL	Valeur des entrées du stock valorisé
0VALSTCKVAL	Valeur du stock valorisé (voir annexe A)
0ISSVS_VAL	Valeur des sorties du stock valorisé
0ISSBLOSTCK	Quantité sortie - stock bloqué (voir annexe A)
0ISSCNSSTCK	Quantité des sorties du stock en consignation (voir annexe A)
0ISSQMSTCK	Quantité sortie stock en contrôle qualité
0ISSTRANSST	Quantité sortie stock en transit (voir annexe A)
0RECBLOSTCK	Quantité entrée stock bloqué
0RECCNSSTCK	Quantité des entrées dans le stock en consignation
0RECQMSTCK	Quantité entrée stock en contrôle de qualité
0RECTRANSST	Quantité de l'entrée de marchandises, stock en transit(voir annexe A)
0QMSTOCK	Stock en contrôle qualité
0BLOCKEDSTK	Stock bloqué
0CNSSTCKQTY	Quantité du stock en consignation
0TRANSSTOCK	Stock en transit
0ISSSCRP	Quantité sortie rebut (voir annexe A)
0ISSVALSCRP	Valeur de sortie rebut
0RECTOTSTCK	Quantité entrée stock total
0ISSTOTSTCK	Quantité sortie stock total
0TOTALSTCK	Quantité stock total
0ISSVALSTCK	Quantité de sortie du stock valorisé
0RECVALSTCK	Quantité des entrées du stock valorisé
0VALSTCKQTY	Quantité du stock valorisé
0VENCONCON	Valeurs de consommation stock en consignation

Source : SAP NetWeaver 7.01 BI Content 7.06 SP 05

- **Dimensions**

L'InfoCube 0IC_C03 contient plusieurs axes d'analyse « Characteristics » présentées sous forme des InfoObjets :

Tableau 12-Dimensions de l'InfoCube0IC_C03

Dimension	InfoObjet	Description
temps	0CALDAY	Jour calendaire
	0CALMONTH	Année civile/mois
	0CALWEEK	Année civile / semaine
	0CALYEAR	Année civile
Unité	0BASE_UOM	Unité de quantité de base
	0LOC_CURRCY	Devise interne
Site	0PLANT	Division
	0STOR_LOC	Magasin
Article	0MATERIAL	Article
Lot	0BATCH	Numéro de lot
Type de stock	0STOCKTYPE	Caractéristique du stock
	0STOCKCAT	Catégories de stocks
Fournisseur	0GN_VENDOR	Fournisseur

Source : SAP NetWeaver 7.01 BI Content 7.06 SP 05

2.3. Données de bases

Avant de charger les données transactionnelles dans les cubes, SAP recommande de charger toutes les données de base relatives au système BW. D'abord charger les attributs, puis les textes, puis les hiérarchies. Si aucune donnée de basen'a encore été chargée lorsque les données transactionnelles sont chargées, le processus de chargement peut prendre deux fois plus longtemps ou il peut être échoué.

Tableau 13- Données de base des Achats et Approvisionnement

InfoObjet	Description	Donnée de base
0MATERIAL	Numéro d'article	0MATERIAL_ATTR
		0MATERIAL_TEXT
0MATL_GROUP	Groupe de marchandises	0MATL_GROUP_TEXT
0COUNTRY	Clé du pays	0COUNTRY_ID_TEXT
0INFO_TYPE	Type de la fiche infos-achats	0INFO_TYPE_TEXT
0PURCH_ORG	Organisation d'achat	0PURCH_ORG_TEXT
0PUR_GROUP	Groupe d'acheteurs	0PUR_GROUP_TEXT
0MAT_PLANT	Numéro d'article couplé à la division	0MAT_PLANT_ATTR
		0MAT_PLANT_TEXT
0VAL_CLASS	Classe de valorisation	0VAL_CLASS_TEXT
0STLMT_CTRL_TEXT	Détermination du prix de l'article : commande	0STLMT_CTRL_TEXT
0STOR_LOC	Magasin	0STOR_LOC_TEXT
0PLANT	Division	0PLANT_ATTR
		0PLANT_TEXT
0WBS_ELEMT	Elément de l'organigramme technique de projet (élément OTP)	0WBS_ELEMT_ATTR
		0WBS_ELEMT_TEXT
0PRICE_CTRL	Indicateur code prix	0PRICE_CTRL_TEXT
0COMP_CODE	Société	0COMP_CODE_ATTR
		0COMP_CODE_TEXT
0CURTYPE	Type de devise	0CURTYPE_TEXT

0VALUATION	Vue de valorisation	0VALUATION_TEXT
0VENDOR	Numéro de fournisseur	0VENDOR_ATTR
		0VENDOR_TEXT
0VERSION	Version	0VERSION_TEXT
0SERVICE	Numéro de service	0SERVICE _ATTR
		0SERVICE _TEXT
0STOCKTYPE	Caractéristique du stock	0STOCKTYPE_TEXT
0STOR_LOC	Magasin	0STOR_LOC_TEXT
0STOCKCAT	Catégorie du stock	0STOCKCAT_TEXT

Source : SAP NetWeaver 7.01 BI Content 7.06 SP 05

Le tableau ci-dessus résume les données de base nécessaires pour les Achats et Approvisionnements.

3. Conclusion

Dans ce chapitre, nous avons étudié, en détail, le processus des achats et des approvisionnements de l'entreprise, pour faire ressortir les indicateurs et comprendre les exigences du client. Cela nous a permis de concevoir notre solution en choisissant les cubes qui couvrent lesdits besoins. Reste à mettre en pratique notre conception que nous détaillons dans le chapitre à suivre.

Chapitre 4
Mise en œuvre de la solution

Le présent chapitre étale notre réalisation pratique. Cette réalisation concerne, d'une part, la préparation de la plateforme décisionnelle décrite dans la première section, et d'autre part, le reporting élaboré qui est concrétisé dans la deuxième section.

1. Préparation de la plateforme

La présente section présente les différentes étapes impliquées pour préparer notre plateforme décisionnelle.

1.1. Activation des Sources de données

L'extraction de données transactionnelles de la logistique soumit à des règles différentes des autres sources de données. (Voir annexe B)

Commençons par les activités de configuration impliquée dans le système de SAP ECC 6.0 pour extraire les données dans SAP BW.

Etape 1 : installation des DataSources à partir de Business Content (transaction RSA5)

La procédure d'installation des sources de données de la logistique à partir de Business Content (contenu fonctionnel) est la même que pour toute autre source de données. La capture d'écran ci-dessous indique la manière avec laquelle nous installons une source de données en prenant comme exemple 2LIS_06_INV et 0CO_PC_ACT_02 :

Figure 11- Installation des sources de données à partir de Business Content

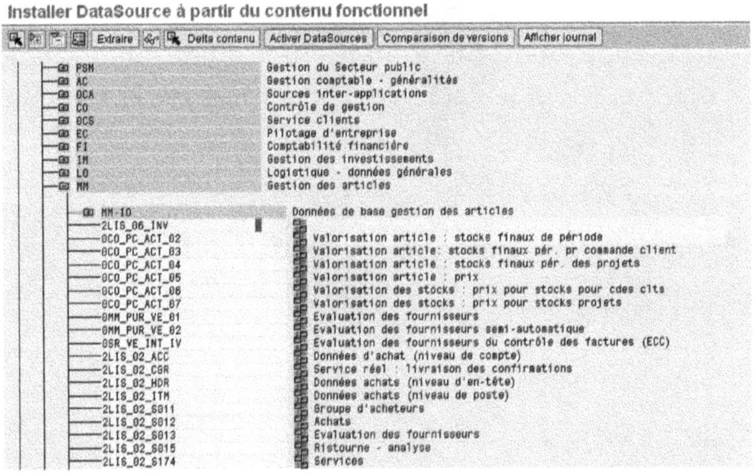

Etape 2 : configuration de *LO Cockpit* (LBWE)

LO Cockpit représente l'outil central de la gestion des structures d'extraction. Cette étape ne concerne pas les DataSources génériques.

Premièrement, nous activons les sources de données qui sont inactives.

Figure 12- Activation des sources de données dans LO Cockpit

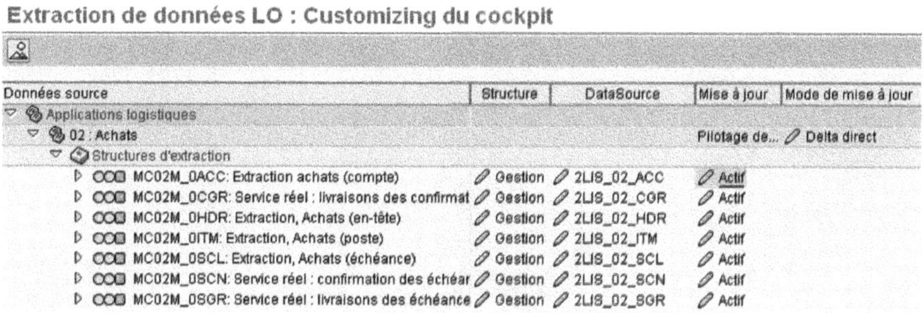

Extraction de données LO : Customizing du cockpit

Données source	Structure	DataSource	Mise à jour	Mode de mise à jour
▽ 🌐 Applications logistiques				
▽ 🌐 02 : Achats			Pilotage de...	⁄ Delta direct
▽ 🔘 Structures d'extraction				
▷ 🔲 MC02M_0ACC: Extraction achats (compte)	⁄ Gestion	⁄ 2LIS_02_ACC	⁄ Actif	
▷ 🔲 MC02M_0CGR: Service réel : livraisons des confirmat	⁄ Gestion	⁄ 2LIS_02_CGR	⁄ Actif	
▷ 🔲 MC02M_0HDR: Extraction, Achats (en-tête)	⁄ Gestion	⁄ 2LIS_02_HDR	⁄ Actif	
▷ 🔲 MC02M_0ITM: Extraction, Achats (poste)	⁄ Gestion	⁄ 2LIS_02_ITM	⁄ Actif	
▷ 🔲 MC02M_0SCL: Extraction, Achats (échéance)	⁄ Gestion	⁄ 2LIS_02_SCL	⁄ Actif	
▷ 🔲 MC02M_0SCN: Service réel : confirmation des échéar	⁄ Gestion	⁄ 2LIS_02_SCN	⁄ Actif	
▷ 🔲 MC02M_0SGR: Service réel : livraisons des échéance	⁄ Gestion	⁄ 2LIS_02_SGR	⁄ Actif	

Ensuite, nous activons les structures d'extraction en cliquant sur le nom du DataSource.

Figure 13- Activation des structures d'extraction dans LO Cockpit

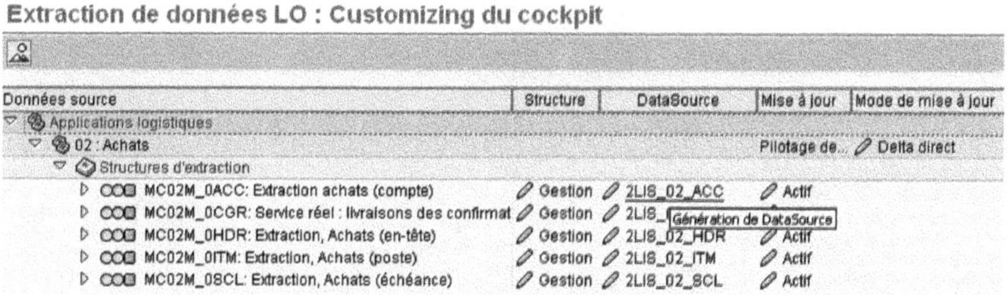

Extraction de données LO : Customizing du cockpit

Données source	Structure	DataSource	Mise à jour	Mode de mise à jour
▽ 🌐 Applications logistiques				
▽ 🌐 02 : Achats			Pilotage de...	⁄ Delta direct
▽ 🔘 Structures d'extraction				
▷ 🔲 MC02M_0ACC: Extraction achats (compte)	⁄ Gestion	⁄ 2LIS_02_ACC	⁄ Actif	
▷ 🔲 MC02M_0CGR: Service réel : livraisons des confirmat	⁄ Gestion	⁄ 2LIS_ (Génération de DataSource)		
▷ 🔲 MC02M_0HDR: Extraction, Achats (en-tête)	⁄ Gestion	⁄ 2LIS_02_HDR	⁄ Actif	
▷ 🔲 MC02M_0ITM: Extraction, Achats (poste)	⁄ Gestion	⁄ 2LIS_02_ITM	⁄ Actif	
▷ 🔲 MC02M_0SCL: Extraction, Achats (échéance)	⁄ Gestion	⁄ 2LIS_02_SCL	⁄ Actif	

Enfin, nous choisissons le mode de mise à jour de l'extraction. Dans notre cas nous avons choisi le *Delta Direct* puisque nous n'avons pas une grande quantité de mise à jour au niveau du système SAP ECC 6.0 (<10000 mises à jour par jour).

Figure 14- Choix de Delta Direct comme mode de mise à jour

Extraction de données LO : Customizing du cockpit

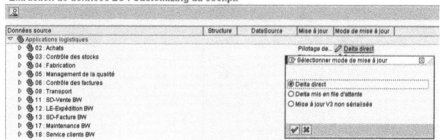

Etape 3 : suppression du contenu des table de restructuration (transaction LBWG)

Avant de remplir la table de restructuration, nous devons supprimer son contenu pour ne pas y avoir une redondance.

Pour la suppression de la table de restructuration, nous sélectionnons l'application dont la table doit être supprimée.

Figure 15- Suppression du contenu de la table de restructuration

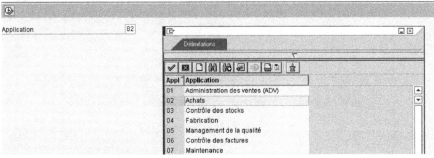

Etape 4 : remplissage des tables de restructuration (transaction OLI*BW)

La table de restructuration est remplie dans les transactions :

- OLI1BW pour les tables des mouvements des stocks
- OLI2BW pour les tables des stocks
- OLI3BW pour les tables des Achats
- OLI6BW pour les tables de contrôle des factures

Dans la figure suivante, nous montrons la manière dont nous remplissons les tables de restructuration en prenant comme exemple les achats (transaction OLI3BW).

48

Figure 16- Remplissage des tables de restructuration

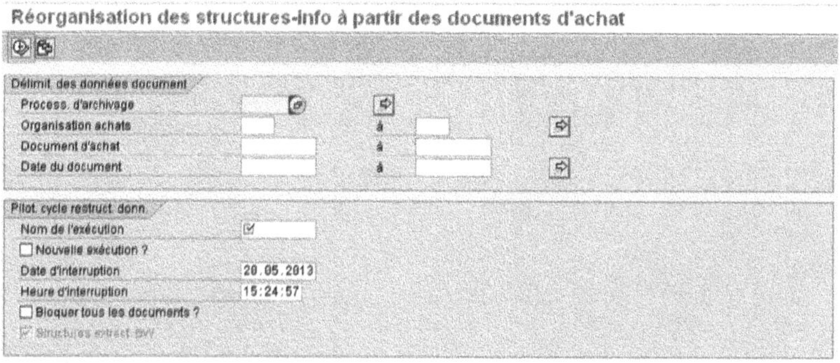

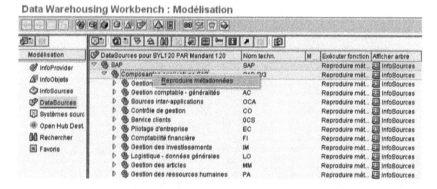

Lorsque nous cliquons sur *exécuter* (entouré par le rouge). Les tables se remplissent.

A ce niveau, nous passons au système SAP BI pour effectuer les étapes suivantes :

Etape 5: réplication des DataSources dans SAP BI

La première chose à faire dans le système SAP BI est la réplication des Sources de données pour y créer une image dans la PSA. Pour se faire, nous appliquons la transaction RSA1, puis nous choisissons *DataSouces* à gauche, ensuite nous cliquons sur *reproduire métadonnées*.

Figure 17- Réplication des DataSources

Etape 6 : création des InfoPackages

Le rôle de l'InfoPackage est d'extraire les données à partir de SAP ECC 6.0.

Après que la réplication se termine, nous vérifions l'existence des DataSources que nous venons d'installer dans SAP ECC 6.0, et avec un clic droit nous choisissons *créer InfoPackage*. Ici, nous prenons, comme exemple, le DataSource 2LIS_02_HDR.

Figure 18- Création de l'InfoPackage

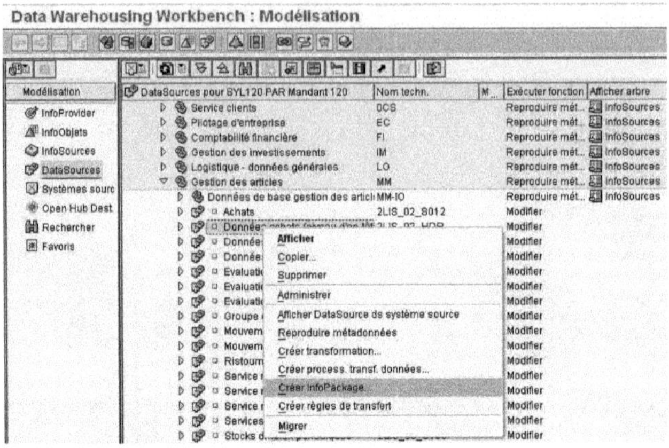

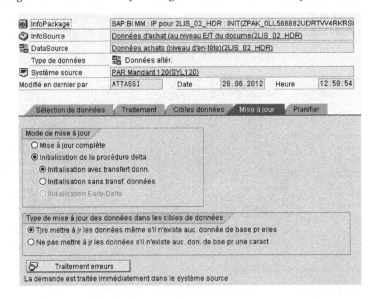

Dans un premier temps, nous créons un InfoPackage d'initialisation avec transfert de données.

Figure 19- Création de l'InfoPackage d'initialisation avec transfert de données

Lorsque nous exécutant l'InfoPackage que nous venons de créer, un InfoPackage avec le mode d'extraction Delta apparait :

Figure 20- Création de l'InfoPackage Delta

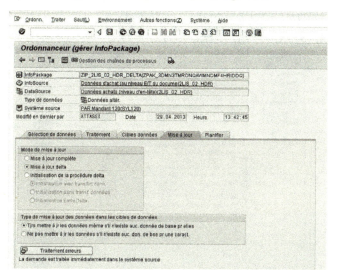

1.2. Activation des InfoCubes

Dans ce paragraphe, nous décrivons les étapes que nous avons suivies pour activer les InfoCubes choisis dans la partie de la conception.

Premièrement, nous appliquons la transaction RSA1 et nous choisissons le contenu fonctionnel.

Figure 21- Ouverture de Business Content

Ensuite nous choisissons le cube que nous voulons activer et nous le glissons à droite après que nous avons choisi le regroupement *Flux de données avant*. Pour illustrer les étapes, le cube 0PUR_C04 (groupe d'acheteurs) est pris comme exemple.

Figure 22- Activation des InfoCubes

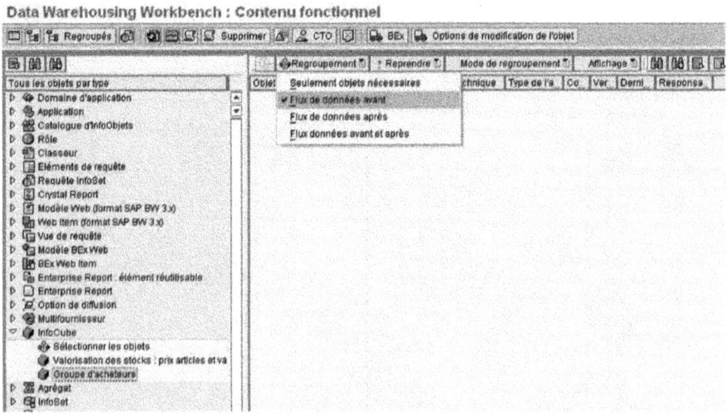

Lorsque nous effectuons cette opération, tout le flux de données avant le cube s'affiche (InfoObjets, transformations, Règles de mise à jour,…). Enfin, nous choisissons *Reprendre* pour que système apporte tout ce qui manque le cube.

Figure 23- Reprise des données pour le cube

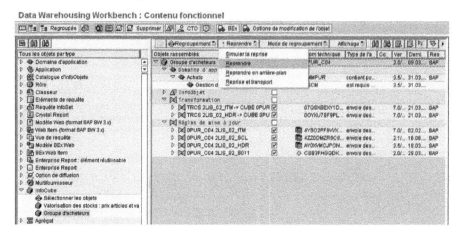

Lorsque le système termine la reprise des données, nous choisissons *Modélisation* à gauche et nous vérifions que le cube a été ajouté comme un *InfoProvider* (fournisseur de données), et avec deux clics nous affichons les informations qu'il contient.

Figure 24- Vérification de l'activation du cube dans RSA1

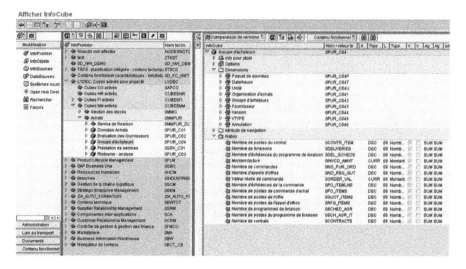

1.3.Chaînes de processus

Une chaîne de processus est une séquence de processus qui sont programmés pour attendre, en arrière-plan, un événement. En utilisant des chaînes de processus on peut automatiser les horaires complexes dans le système BI à l'aide d'un traitement piloté par événement et contrôler et surveiller les processus d'une manière centralisée.

Nous avons créé quatre chaînes de processus :

- La chaîne de processus des attributs des données de référence.
- La chaîne de processus des textes des données de référence.
- La chaîne de processus de l'initialisation Delta.
- La chaîne de processus Delta.

- ## Chaîne de processus des attributs des données de référence.

Cette chaîne de processus est la première à lancer lors du chargement de données. Elle présente le référentiel pour le système pour charger les données.

Figure 25- Chaîne de processus des attributs des données de référence

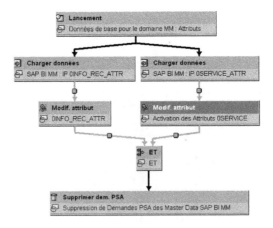

- ## Chaîne de processus des textes des données de référence

L'exécution de cette chaîne vient après l'exécution de celle des attributs.

Figure 26- Chaîne de processus des textes des données de référence

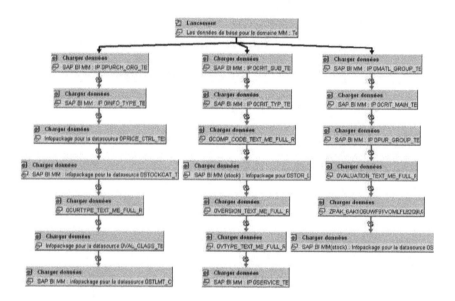

- ## Chaîne de processus de l'initialisation Delta

Cette chaîne s'exécute après l'exécution des celles de données de référence. Elle s'exécute une seule fois, en effet son rôle est l'initialisation de chargement de données dans les cubes.

Figure 27- Chaîne de processus de l'initialisation de chargement

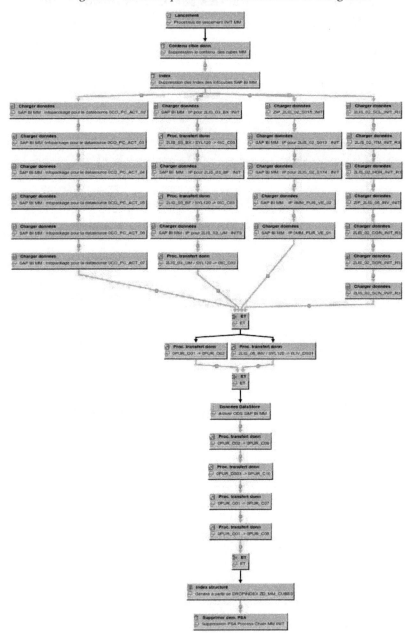

1.1.Chaîne de processus Delta

Cette chaîne représente celle qui s'exécute chaque jour. Elle ne contient que les Sources de données qui supportent le mode de chargement Delta. En effet, elle ne charge que les mises à jour affectées aux sources de données.

Figure 28- Chaîne de processus Delta

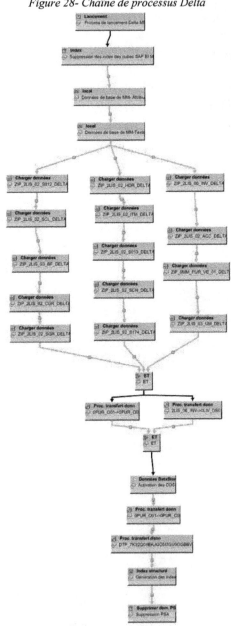

2. Réalisation du reporting

Cette section présente les rapports qui seront présenté à l'utilisateur final qui sont élaborés avec la participation effective des responsables de la Direction des Achats et Marché.

2.1. Requêtes réalisées

Les requêtes sont réalisées en se basant sur notre analyse fonctionnelle. En effet, elles sont conçues pour satisfaire les besoins client. Le tableau ci-dessus décrit les requêtes réalisées :

Tableau 14- Description des requêtes réalisées

Nom technique	Description
0PUR_C01_Q0022	Commandes sans contrat
0PUR_C01_Q0013	Comparaison des fournisseurs concernant les valeurs d'achat
0PUR_C01_Q0016	Ecarts facture
0PUR_C01_Q0004	Valeurs commande - livraison - facture
0PUR_C01_Q0017	Quantités commande - livraison - facture
0MMPUR_C04_Q01	Analyse des groupes d'acheteurs
0PUR_C02_Q0022	Evaluation des fournisseurs au moyen de l'attribution des notes
0IC_C03_Q0023	Analyse des mouvements stocks
0PUR_C01_Q0005	Délai de livraison moyen - article
0PUR_C01_Q0001	Délai de livraison moyen - fournisseurs
0PUR_C01_Q0009	Ecarts des dates de livraison
0PUR_C01_Q0018	Ecarts entrée de marchandises
0PUR_C01_Q0002	Taux de service fournisseur
0PUR_C01_Q0003	Taux d'accomplissement - livraisons
0PUR_C01_Q0019	Tendance des prix sur les trois derniers mois

Ces requêtes sont conçues à l'aide de l'outil SAP Query Designer (voir annexe C).

Dans la suite nous exécutons quelques requêtes pour donner des exemples des rapports que nous avons réalisés.

2.2. Rapports réalisés

Les rapports sont réalisés à l'aide de Bex Analyzer en exécutant les requêtes conçues précédemment. Lesdits rapports ont été validés par le client (Direction des Achats et Marché), après une réunion que nous avons tenue avec lui. Les rapports cités ci-dessous sont des échantillons de ceux que nous avons élaborés dans notre projet, ils présentent une illustration du travail global effectué à l'entreprise.

- **Analyse des groupes d'acheteurs**

Le rapport ci-dessous est obtenu en exécutant la requête « Analyse des groupes d'acheteurs » :

Figure 29- Analyse des groupes d'acheteurs

Analyse des groupes d'acheteurs

| Chart | Filter | Information | Auteur RAFYA

Filter
Année civile/mois
Fournisseur
Groupes d'acheteurs
Organis. achats
Structure

Groupe d'acheteurs	Année civile/mois	Nombre d'appels d'offres	Nombre d'échéances de la commande	Nombre de commandes	Nombre de contrats	Nombre de livraisons	Valeur réelle de commande
DEEA, Achat fluide	NOV 2005	0	1	2	0	0	1 000 000,00 MAD
	Résultat	0	1	2	0	0	1 000 000,00 MAD
DEL. EL FIDA	MAI 2004	0	3	4	0	6	3 630 000,00 MAD
	DEC 2004	0	1	2	0	0	100 000,00 MAD
	MAI 2011	0	3	4	0	3	3 150,00 MAD
	Résultat	0	7	10	0	9	3 730 150,00 MAD
DNV-Planif.Eau	DEC 2008	0	1	2	0	0	2 000,00 MAD
	AVR 2011	0	0	2	0	1	0,00
	Résultat	0	1	2	0	1	2 000,00 MAD
DNV-Sce Marché&AO	MAI 2004	0	5	10	0	0	30 800,00 MAD
	JUN 2004	0	3	6	0	1	210 000,00 MAD
	OCT 2008	0	0	0	0	1	0,00
	AVR 2010	0	2	4	0	2	140 000,00 MAD
	Résultat	0	10	20	0	4	380 800,00 MAD
Dir grands clients	SEP 2004	0	1	2	0	0	150 000,00 MAD
	Résultat	0	1	2	0	0	150 000,00 MAD
DIR. ADM. FINANCES	JUL 2008	0	1	2	0	0	143,00 MAD
	Résultat	0	1	2	0	0	143,00 MAD
DIR. GENERALE	AOU 2010	0	1	2	0	0	1,00 MAD
	Résultat	0	1	2	0	0	1,00 MAD
DIRECTION ACHATS	MAI 2004	4	25	26	8	25	1 358 467,55 MAD
	SEP 2004	0	1	2	0	0	10 000,00 MAD
	DEC 2004	0	1	2	0	0	10 300,00 MAD
	MAI 2005	0	2	4	2	0	10 000,39 MAD
	FEV 2009	0	2	4	0	0	48 000,00 MAD
	AVR 2009	0	1	2	0	0	3 230,98 MAD
	AOU 2009	0	9	2	0	0	662 434,99 MAD
	AOU 2010	0	1	0	0	0	12 000,00 MAD
	JAN 2011	0	1	2	0	0	1 800,00 MAD
	MAR 2011	0	37	74	0	50	14 400,00 MAD
	AVR 2011	0	12	22	0	4	4 300,00 MAD
	NOV 2011	0	6	16	0	5	120 000,00 MAD
	Résultat	4	100	158	10	84	2 194 932,52 MAD
DP01-Études Tech	OCT 2008	0	7	16	0	0	762,00 MAD
	NOV 2008	0	2	4	0	0	150,00 MAD
	Résultat	0	9	20	0	0	912,00 MAD
DP02-Études Tech.	JAN 2004	0	5	10	8	0	8 700 120,00 MAD
	MAR 2004	0	1	2	0	0	1 500 000,00 MAD
	JAN 2011	0	0	0	12	0	0,00
	MAI 2011	0	0	2	0	0	0,00 MAD
	Résultat	0	6	14	20	0	10 200 120,00 MAD
DP02-Exp. Eau&Ass	MAI 2003	0	1	2	0	0	8 660,00 MAD
	MAR 2004	0	2	4	0	0	160 000,00 MAD
	MAI 2004	0	5	10	0	4	136 600,00 MAD
	AVR 2011	0	2	4	0	1	20 000,00 MAD
	SEP 2011	0	1	2	0	1	7 500,00 MAD
	Résultat	0	11	20	2	6	270 860,00 MAD
DP04-Exp. Eau&Ass	MAI 2010	0	1	2	0	1	530,00 MAD
	JUN 2010	0	1	2	0	0	800,00 MAD
	Résultat	0	2	4	0	1	1 330,00 MAD
DP05-Exp. Eau&Ass	JUL 2010	0	1	2	0	2	15 000,00 MAD
	Résultat	0	1	2	0	2	15 000,00 MAD
DP05-Exp. Elec.	AVR 2011	0	2	4	0	1	12 555,00 MAD
	Résultat	0	2	4	0	1	12 555,00 MAD
DSI-Infra.&Télécom	FEV 2009	0	2	2	0	2	15 000,00 MAD
	AVR 2010	0	3	6	0	2	35 446,60 MAD
	Résultat	0	5	8	0	4	50 446,60 MAD
DSI-Pôle Système	OCT 2008	0	1	2	0	1	7 840,00 MAD
	Résultat	0	1	2	0	1	7 840,00 MAD
Eclairag public/ESM	SEP 2004	0	1	2	0	0	5 000,00 MAD
	Résultat	0	1	2	0	0	5 000,00 MAD
Eclairage publique	SEP 2004	0	1	2	0	0	45 000,00 MAD
	Résultat	0	1	2	0	0	45 000,00 MAD
H01	SEP 2004	0	2	4	0	0	90 000,00 MAD
	Résultat	0	2	4	0	0	90 000,00 MAD
SEOER/SERV ACHAT	JAN 2004	0	0	1	0	0	0,00
	DEC 2004	2	0	6	3	0	0,00
	JAN 2005	0	0	10	0	0	0,00
	FEV 2005	0	0	3	0	0	0,00
	MAR 2005	0	0	2	0	0	0,00
	AVR 2005	0	0	1	0	0	0,00
	Résultat	2	0	24	3	0	0,00
Résultat global		6	163	306	26	117	16 181 090,52 MAD

Ce tableau permet d'analyser la répartition des activités d'achat par groupe d'achat vis-à-vis de la valeur des marchandises commandées. En effet, il met en évidence les commandes, les appels d'offres, les contrats, les livraisons, les échéances et les valeurs des commandes réalisées pour chaque groupe d'acheteurs tout en précisant la date de chaque évènement. Cela permet à la DAM de contrôler leurs livraisons, d'anticiper les nouvelles commandes à lancer pour couvrir la demande et diminuer les réclamations des services demandeurs.

- **Quantités de commande, livraison et facture par fournisseur**

Lors de l'exécution de la requête « Quantités commande-livraison-facture » nous obtenons le tableau de bord suivant :

Figure 30- Rapport des quantités de commande, livraison et facture

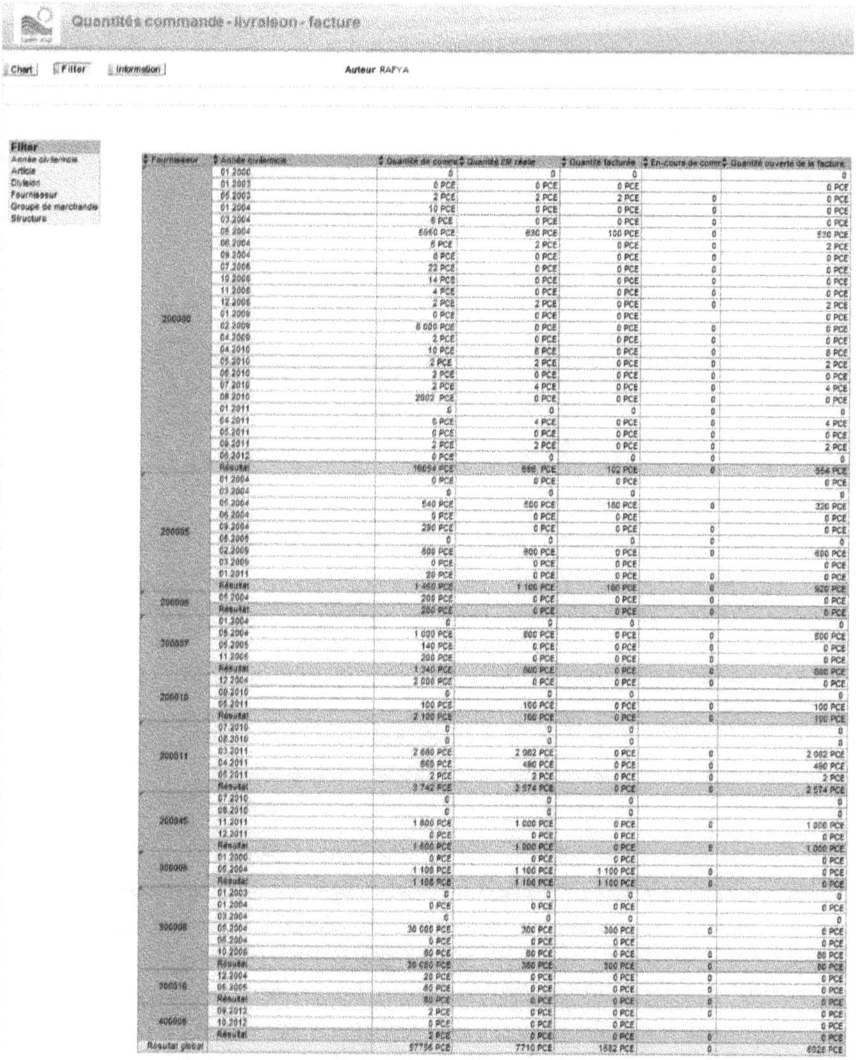

Fournisseur	Année civile/mois	Quantité de comm	Quantité EM réelle	Quantité facturée	En-cours de comm	Quantité ouverte de la facture
200000	01.2000	0	0	0		0
	01.2003	0 PCE	0 PCE	0 PCE		0 PCE
	05.2003	2 PCE	2 PCE	2 PCE	0	0 PCE
	01.2004	10 PCE	0 PCE	0 PCE	0	0 PCE
	03.2004	6 PCE	0 PCE	0 PCE	0	0 PCE
	05.2004	5660 PCE	630 PCE	100 PCE	0	530 PCE
	06.2004	6 PCE	2 PCE	0 PCE	0	2 PCE
	09.2004	8 PCE	0 PCE	0 PCE	0	0 PCE
	07.2008	22 PCE	0 PCE	0 PCE	0	0 PCE
	10.2008	14 PCE	0 PCE	0 PCE	0	0 PCE
	11.2008	4 PCE	0 PCE	0 PCE	0	0 PCE
	12.2008	2 PCE	2 PCE	0 PCE	0	2 PCE
	01.2009	0 PCE	0 PCE	0 PCE		0 PCE
	02.2009	6 600 PCE	0 PCE	0 PCE	0	0 PCE
	04.2009	2 PCE	0 PCE	0 PCE	0	0 PCE
	04.2010	10 PCE	8 PCE	0 PCE	0	8 PCE
	05.2010	2 PCE	2 PCE	0 PCE	0	2 PCE
	06.2010	2 PCE	0 PCE	0 PCE	0	0 PCE
	07.2010	2 PCE	4 PCE	0 PCE	0	4 PCE
	08.2010	2002 PCE	0 PCE	0 PCE	0	0 PCE
	01.2011	0	0	0	0	0
	04.2011	6 PCE	4 PCE	0 PCE	0	4 PCE
	05.2011	0 PCE	0 PCE	0 PCE	0	0 PCE
	09.2011	2 PCE	2 PCE	0 PCE	0	2 PCE
	06.2012	0 PCE	0	0	0	0
	Résultat	16054 PCE	656 PCE	102 PCE	0	554 PCE
200005	01.2004	0 PCE	0 PCE	0 PCE		0 PCE
	03.2004	0	0	0		0
	05.2004	540 PCE	500 PCE	180 PCE	0	320 PCE
	06.2004	0 PCE	0 PCE	0 PCE		0 PCE
	09.2004	290 PCE	0 PCE	0 PCE	0	0 PCE
	06.2005	0	0	0	0	0
	02.2009	600 PCE	600 PCE	0 PCE	0	600 PCE
	03.2009	0 PCE	0 PCE	0 PCE		0 PCE
	01.2011	20 PCE	0 PCE	0 PCE	0	0 PCE
	Résultat	1 460 PCE	1 100 PCE	180 PCE	0	920 PCE
200006	05.2004	200 PCE	0 PCE	0 PCE	0	0 PCE
	Résultat	200 PCE	0 PCE	0 PCE	0	0 PCE
200007	01.2004	0	0	0		0
	05.2004	1 000 PCE	800 PCE	0 PCE	0	800 PCE
	05.2005	140 PCE	0 PCE	0 PCE	0	0 PCE
	11.2005	200 PCE	0 PCE	0 PCE	0	0 PCE
	Résultat	1 340 PCE	800 PCE	0 PCE	0	800 PCE
200010	12.2004	2 000 PCE	0 PCE	0 PCE	0	0 PCE
	08.2010	0	0	0		0
	05.2011	100 PCE	100 PCE	0 PCE	0	100 PCE
	Résultat	2 100 PCE	100 PCE	0 PCE	0	100 PCE
200011	07.2010	0	0	0		0
	08.2010	0	0	0		0
	03.2011	2 880 PCE	2 082 PCE	0 PCE	0	2 082 PCE
	04.2011	860 PCE	490 PCE	0 PCE	0	490 PCE
	05.2011	2 PCE	2 PCE	0 PCE	0	2 PCE
	Résultat	3 742 PCE	2 574 PCE	0 PCE	0	2 574 PCE
200045	07.2010	0	0	0		0
	08.2010	0	0	0		0
	11.2011	1 800 PCE	1 000 PCE	0 PCE	0	1 000 PCE
	12.2011	0 PCE	0 PCE	0 PCE		0 PCE
	Résultat	1 800 PCE	1 000 PCE	0 PCE	0	1 000 PCE
300008	01.2000	0 PCE	0 PCE	0 PCE		0 PCE
	05.2004	1 100 PCE	1 100 PCE	1 100 PCE	0	0 PCE
	Résultat	1 100 PCE	1 100 PCE	1 100 PCE	0	0 PCE
300008	01.2003	0	0	0		0
	01.2004	0 PCE	0 PCE	0 PCE		0 PCE
	03.2004	0	0	0		0
	05.2004	30 000 PCE	300 PCE	300 PCE	0	0 PCE
	06.2004	0 PCE	0 PCE	0 PCE		0 PCE
	10.2006	80 PCE	80 PCE	0 PCE	0	80 PCE
	Résultat	30 080 PCE	380 PCE	300 PCE	0	80 PCE
300516	12.2004	20 PCE	0 PCE	0 PCE	0	0 PCE
	06.2005	60 PCE	0 PCE	0 PCE	0	0 PCE
	Résultat	80 PCE	0 PCE	0 PCE	0	0 PCE
400008	09.2012	2 PCE	0 PCE	0 PCE	0	0 PCE
	10.2012	0 PCE	0 PCE	0 PCE		0 PCE
	Résultat	2 PCE	0 PCE	0 PCE	0	0 PCE
Résultat global		57756 PCE	7710 PCE	1682 PCE	0	6028 PCE

Ce rapport a pour objet de donner une vue générale les quantités commandées, facturées et celles en livraison, permettant ainsi un contrôle efficace des activités de commandes dans la chaîne d'approvisionnement. En effet ce rapport suit la quantité de la commande à partir la passation de cette dernière, passant les quantités entrées et traitant celles en cours, jusqu'à la quantité facturée pour chaque fournisseur. A travers ce rapport l'approvisionneur peut, facilement, vérifier la quantité des articles déjà livrée, celle qu'il a reçu ses factures et la quantité des articles qui doit être encore livrée et facturée.

- **Valeurs commande - livraison – facture**

Lors de l'exécution de la requête « Valeurs commande-livraison-facture » nous obtenons le tableau de bord suivant :

Figure 31- Analyse des valeurs des commandes, factures et livraisons

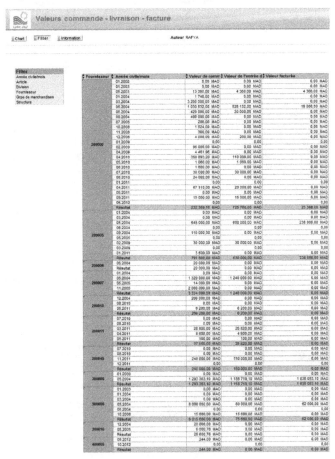

Ce rapport permet, lui aussi, de suivre les activités des commandes mais en se basant sur leurs valeurs.

- **Ecarts facture**

Nous obtenons ce rapport en exécutant la requête « Ecarts facture »:

Figure 32- Analyse des écarts facture

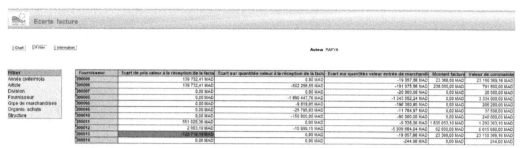

Le tableau ci-dessus traite les écarts entre la valeur de la commande et celle de la facture. Cela permet un contrôle efficace des factures reçues depuis le fournisseur.

- **Commandes sans contrat**

Lors de l'exécution de la requête « Commandes sans contrat» nous obtenons le tableau de bord suivant :

Figure 33- Rapport des commandes sans contrat

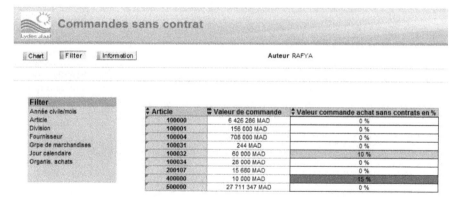

Ce rapport a pour objet de valoriser les commandes qui sont gérées sans contrat. Cela permet à l'acheteur d'avoir une visibilité sur les valeurs des commandes qui s'échappent au contrat par article. Ainsi ce tableau de bord permet une meilleure gestion pour la diminution des commandes gérées sans contrat, qui présente un objectif de la Direction des Achats et Marché (DAM). En effet, il marque les valeurs selon leur état ; par exemple, l'article numéro 400000 dépasse le taux maximal permis qui est de 10%.

- **Evaluation des fournisseurs**

Pour évaluer les fournisseurs, nous avons élaboré deux rapports :

  o Evaluation des fournisseurs au moyen de l'attribution des notes.
  o Comparaison des fournisseurs concernant les valeurs d'achat.

Nous obtenons le rapport « Evaluation des fournisseurs au moyen de l'attribution des notes» en exécutant la requête « 0PUR_C02_Q0022» :

Figure 34- Evaluation des fournisseurs par attribution des notes

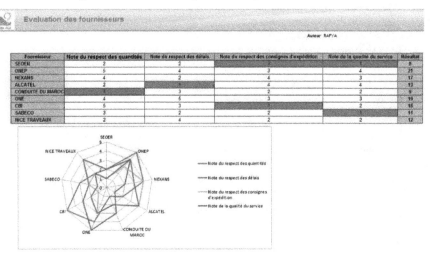

Le tableau de bord ci-dessus permet d'avoir une évaluation concernant les performances des fournisseurs de LYDEC. Selon cette fiche, on peut remarquer depuis le graphique que le meilleur fournisseur et l'ONEP qui respecte le plus les critères d'évaluation exigé par la LYDEC, à savoir :

- Le respect des délais.
- La qualité du service.
- Le respect des quantités.
- Le respect des consignes d'expédition.

Les fournisseurs sont notés sur 5 comme meilleure note du service, 3 pour moyen et 1 pour un mauvais service.

Avec ce graphique et la déduction du meilleur fournisseur, la LYDEC pourra améliorer les performances concernant son processus achat.

Le deuxième rapport, permettant d'évaluer les fournisseurs, est obtenu en exécutant la requête « Comparaison des fournisseurs concernant les valeurs » :

Figure 35- Rapport comparaison des fournisseurs concernant les valeurs d'achat

Ce rapport évalue les fournisseurs en comparant les valeurs des commandes, des factures et des livraisons que l'entreprise a réalisées avec eux. Cela donne la possibilité de distinguer les fournisseurs importants qui détiennent les grandes valeurs échangées parmi les autres. A partir des graphes, on remarque facilement que le fournisseur dont le numéro est 200000 obtient la grande part en termes de valeur et de quantité.

Ces deux rapports donnent au gestionnaire administratif un moyen d'évaluer les fournisseurs permettant ainsi à l'acheteur et à l'approvisionneur d'améliorer les économies sur les achats en mettant en concurrence les fournisseurs.

- **Analyse des stocks**

Nous obtenons le rapport ci-dessous en exécutant la requête « Analyse des stocks» :

Figure 36- Analyse des mouvements des stocks

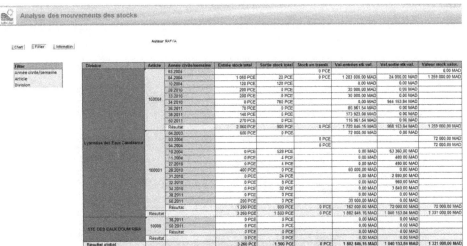

Ce tableau permet de tracer tous les évènements liés aux stocks (les entrées, les sorties, en transit et stocks au magasin) et de préciser leurs valeurs par article et date. Cela permet au gestionnaire des stocks d'être proactif pour éviter toute rupture et assurer la couverture des stocks. Il permet aussi à l'acheteur d'anticiper les besoins pour éviter toute anomalie et toute rupture possible.

La combinaison des rapports réalisés permet de réduire le délai de traitement et la passation des commandes. En effet, lors de la réception d'une demande l'acheteur sélectionne rapidement un fournisseur en se basant sur les deux rapports d'évaluation des fournisseurs tout en optimisant le rapport de qualité/prix. Ensuite, l'approvisionneur, ayant une visibilité sur les stocks et un contrôle efficace des activités des commandes, traite et passe rapidement la commande. Cela permet d'améliorer le taux de livraison hors délai et augmenter les performances des fonctions de la DAM et diminue les réclamations des demandeurs.

Ces rapports permettent également au gestionnaire administratif de bien contrôler et suivre les activités de la DAM à travers un reporting couvrant toute la chaîne d'approvisionnement et mesurant les indicateurs de performance de chacun de ses postes.

Le reporting que nous avons établi peut être personnalisé selon le besoin de l'utilisateur. En effet, cette caractéristique rend les rapports dynamiques et adaptables au type d'analyse que l'utilisateur veut effectuer, cela est atteint à travers un filtre (situé à gauche de chaque rapport) qui contient des mesures et des dimensions qu'on peut les ajouter ou les enlever éventuellement du rapport avec une simple opération de « Drag and Drop ». Ce modèle de reporting permet également de visualiser les données sous forme d'un graphe, en cliquant sur « Chart », pour faciliter l'analyse.

NB : Les tableaux de bords réalisés contiennent des données de test qui peuvent ne pas s'accorder à la réalité de déroulement des choses au sein de LYDEC. En effet, leur rôle est de tester le bon fonctionnement de la solution et de vérifier la qualité des données restituées.

3. Conclusion

Ce chapitre a étalé notre réalisation pratique depuis la phase ERP dans laquelle nous avons paramétré les sources de données jusqu'à l'élaboration des tableaux de bord, passant par le paramétrage des cubes organisant les données décisionnelles qui découleront des flux du cycle d'achat et d'approvisionnement.

Conclusion générale

Notre projet consistait à traiter le déploiement d'une solution décisionnelle pour la gestion des achats et des approvisionnements à travers la plateforme BW (Business Information Warehouse) de l'éditeur SAP. Dans un premier temps, il s'agissait de comprendre les exigences métier relatives à la gestion des articles, et plus précisément au cycle d'approvisionnement de l'entreprise, avant de passer à la conception d'une solution répondant à ces exigences. Par la suite, nous avons enchaîné la mise en œuvre technique qui concerne la concrétisation de la solution conçues. Notre travail propose alors un support technique prêt à être utilisé après déploiement de la solution dans le serveur de production de l'entreprise.

Cette solution, une fois déployée, aura comme conséquence l'enrichissement du tableau de bord pour les décideurs. D'un point de vue technologique, nous avons eu la chance de travailler sur le décisionnel avec l'outil BW (Business Information Warehouse) de SAP, un leader en informatique décisionnelle et un existant de l'entreprise. Cet outil intègre tout ce qu'il faut pour mettre en place un projet décisionnel, et le dépasse en proposant un contenu fonctionnel (Business Content) qui propose des objets décisionnels extensibles à l'état livré et diminue ainsi la complexité de tout développement des règles d'ETL (Extract- Transform-Load), cause d'échec majeure des projets décisionnels. D'un point de vue professionnel, nous avons eu une idée des réalités d'un monde autre que celui académique: organisation du travail et relations humaines.

Notre projet de fin d'études, une fois déployé, constituera une base pour mettre en œuvre d'autres fonctionnalités avancées du décisionnel avec la suite SAP BusinessObjects. Dans le même ordre d'idées, l'entreprise pourrait adopter cette suite afin de renforcer son existant décisionnel et par conséquent renforcer le rôle que joue la logistique.

Bibliographie et Webographie

[1] Guide du Système de management de la qualité à Lydec

[2] http://www.guillaumeriviere.name/estia/si/pub/cours_ERP_PGI_2010.pdf

[3] http://www-igm.univ-mlv.fr/~dr/XPOSE2008/xpose%20HIROOKA%20SHOOITCHI/histo.html

[4] VUE D'ENSEMBLE DE L'ADMINISTRATION DES ACHATS DANS SAP R/3 V4.7
© 2005 Capgemini - All rights reserved.
   Formation niveau 3 : achats et approvisionnements (Module MM), Paramétrage SAP
ECC 6.0   © 2005 Capgemini. All rights reserved.

[5] Business Intelligence-Mourad OUBRICH, INPT.

[6] Business Information Warehouse Concepts Copyright 2001 SAP AG. All rights reserved.

[7] Business Information Warehouse - Extraction and Special Topics Business Information
Warehouse - Extraction and Special Topics. Copyright 2001 SAP AG. All rights reserved.

[8] http://www.logistiqueconseil.org/logistique.htm

Annexes

Annexe A: métier

1. Structure de la commande

Une commande est constituée d'un en-tête de document et de plusieurs postes.

Les informations d'en-tête concernent la commande entière. Il s'agit, par exemple, des conditions de paiement et de livraison.

Le type de poste détermine si l'article défini dans un poste de commande :

- requiert un numéro d'article ;
- requiert une imputation ;
- doit être géré en stock ;
- requiert une entrée de marchandises (EM) et/ou une entrée de factures (EF).

Le poste peut être de type standard, sous-traitance, consignation, transfert physique, service externe.

Les postes de type standard sont des marchandises d'origine externe. Dans ce cas, les entrées de marchandises et de factures sont possibles.

Si les services couverts par un contrat existant sont lancés (commandés dans un appel sur contrat), le poste de commande peut contenir une valeur limite qui se réfère au contrat en question.

2. Programme de livraisons

Sorte de contrat-cadre selon lequel les articles sont approvisionnés à des dates déterminées au cours d'une période donnée.

3. Valorisation des stocks :

La valorisation des sorties lors du calcul du coût de production ou du coût de revient après stockage se fait suivant trois méthodes d'évaluation :

- la méthode du coût unitaire moyen pondéré (CUMP);
- la méthode du coût réel. Avec valorisation séparée. Elle se décompose en différentes variantes:
- la méthode du Premier Entré, Premier Sorti (PEPS / FIFO),
  - o la méthode du Dernier Entré, Premier Sorti (DEPS / LIFO),
  - o la méthode de prélèvement d'un lot spécifique
  - o la méthode de la valeur de remplacement, Next-In, First-Out (NIFO), encore appelé Prix futur.

Ces dernières, bien qu'étant non exclusives s'adaptent mieux chacune à un type de produit particulier et à la méthode de gestion des sorties marchandises adoptée pour la gestion des stocks.

A- La méthode du coût unitaire moyen pondéré (CUMP)

Adaptées aux matières non périssables (marchandises pouvant faire l'objet d'un stockage sur de longues périodes), la méthode du CUMP se présente sous deux variantes :

- La méthode du CUMP périodique. Les sorties sont évaluées à un coût unitaire moyen pondéré des entrées marchandises + stock initial, calculé sur une période mensuelle, trimestrielle ou annuelle, suivant le choix de l'entreprise.
- La méthode du CUMP après chaque entrée. Les sorties sont évaluées au dernier coût unitaire moyen pondéré calculé après chaque entrée marchandise.

CUMP = Total des quantités (SI + entrées) / Total des valeurs (après l'entrée)

B- La méthode du coût réel

La méthode du coût réel, comme son nom l'indique est une méthode de valorisation des sorties marchandise au coût réel des entrées. Celle-ci met en exergue la notion de lot pour un article. Les entrées sont comptabilisées par lot. Chaque lot dans le magasin possède son prix unitaire. Lors de la sortie du stock, le prélèvement s'effectue dans un lot selon des règles particulières (FIFO, LIFO, ou lot spécifique). La valorisation du mouvement de sortie marchandise se fait alors au prix unitaire du lot prélevé.

C- La méthode de la valeur de remplacement Next-In, First-Out (NIFO),

Encore appelé Prix futur, il est adapté pour la valorisation des stocks de spéculation, Cette méthode consiste à évaluer les sorties à leurs valeurs de remplacement. Pour valoriser les sorties et les existants en stocks, la valeur de référence sera par exemple, le prix de la dernière facture, le cours du jour...

4. Le stock en consignation

Le stock en consignation est la marchandise qui se trouve chez le client mais qui demeure la propriété de votre société. Le client n'est pas obligé de payer la marchandise jusqu'à sa sortie du stock en consignation. Le client peut en général renvoyer le stock en consignation qu'il n'a pas utilisé. Puisque le stock en consignation fait toujours partie du stock valorisé, on doit le gérer dans le système.

5. Le stock en transit

Le stock en transit représente la quantité d'un article prélevée dans le magasin de la division cédante et non encore reçue au niveau de la division prenante.

6. Rebut d'un article

Rebuter revient à sortir un article du stock sans affecter la marge du magasin.

Par exemple, si un produit a été volé ou cassé, on ne peut plus le vendre, pourtant il apparaît toujours dans le stock. Il faut le sortir du stock sans quoi le montant de stock est faux.

7. Stock bloqué

Un article peut passer directement de l'entrée de marchandises à la consommation/utilisation ou au magasin. Il peut également être préalablement placé dans une zone de blocage.

La quantité enregistrée au stock bloqué d'entrées de marchandises n'est pas ajoutée au stock de l'entreprise ni gérée dans ce cadre, elle est seulement enregistrée dans l'historique de commande.

Lorsque les conditions d'acceptation sont remplies, l'article peut être pris en compte (par exemple, dans le stock à utilisation libre). C'est lors de cette opération que l'entrée de marchandises est valorisée.

En revanche, si les marchandises doivent être retournées au fournisseur, elles sont extraites du stock bloqué d'entrées de marchandises. Il faut noter qu'une livraison de retour est toujours possible même si l'article a déjà été enregistré au stock.

8. Prix moyen pondéré

Les valorisations utilisant le prix moyen pondéré donnent les résultats suivants :

- Les entrées de marchandises sont comptabilisées à la valeur spécifiée lors de ces entrées ;
- Le prix repris dans la fiche article est ajusté au prix coûtant ;
- Les différences de prix ne se produisent que dans des circonstances exceptionnelles ;

9. Écart quantité livrée, date livraison (prévue),
- ### Écart de quantité à livrer 1-5

Le nombre de postes de commande et de programmes de livraisons présentant un écart de quantité à livrer est inclus dans les ratios « Écart de quantité à livrer 1 à 5 » du Système d'information des achats. Ce nombre est réparti entre les intervalles 1 à 5 en fonction du pourcentage d'écart de quantité à livrer.

L'écart de quantité à livrer est l'écart entre la quantité de commande et la quantité réellement livrée, exprimé en pour cent.

- ### Écart de date de livraison (prévue) 1-5

L'écart de date de livraison (prévue) 1-5 est le nombre de livraisons qui peuvent être affectées aux intervalles 1-5, en raison de leur écart de date de livraison en jours.

Annexe B : ASAP et extraction LO

1. Méthodologie ASAP

La méthodologie ASAP de SAP reflète une volonté de cette dernière, de faire bénéficier ses clients d'un standard d'implémentation basé sur une méthode prouvée et structurée. ASAP trouve ses bases d'implémentation dans le référentiel PMBOK (*Project Management Body Of Knowledge*) de l'institut PMI (*Project Management Institut*). SAP recommande d'utiliser ASAP comme méthodologie de planification et d'exécution de la mise en œuvre du progiciel SAP. La feuille de route ASAP (voir figure 12) fournit un guide d'implémentation pas-à-pas. La feuille de route de la méthodologie ASAP comprend les 5 phases suivantes :

Construction du projet (*Project Preparation*)

Le démarrage de projet en identifiant les membres de l'équipe et en développant un plan d'action élaboré.

Conception générale (*Business Blueprint*)

La compréhension des objectifs de gestion de la société et la détermination des besoins de façon à tendre vers ces objectifs.

Réalisation (*Realization*)

La mise en œuvre de tous les besoins de gestion d'entreprise et des processus identifiés dans la phase de conception générale.

Préparation du démarrage (*Final Preparation*)

L'exécution des tests, formation des utilisateurs finaux, administration du système et activités de basculement. Les questions critiques sont résolues. Lorsque cette phase est achevée avec succès, les processus sont prêts pour la mise en production.

Mise en production et support (*Go-live and Support phase*)

La transition entre un environnement de pré-production orienté projet et une mise en production en temps réel réussie.

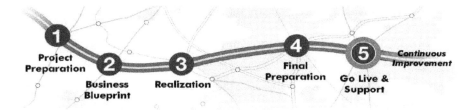

La figure ci-dessus met en évidence la feuille de route à suivre de la méthodologie ASAP

2. Extraction LO

À partir du point de vue de l'ERP, la logistique, en général, conduit à une grande quantité de transactions de données. On imagine le volume de données qu'une application ERP doit détecter à chaque mouvement de l'article qui se passe au sein d'une organisation. La fréquence des transactions est également grande contrairement à d'autres domaines tels que la gestion des ressources humaines et la finance. Le grand nombre de transactions entraînant un volume énorme de données, qui forment la base des informations précieuses pour la chaîne d'approvisionnement, doivent être pris en considération lors du reporting. Ce qui exige des temps de réponse rapides et de haute disponibilité du système opérationnel. Ainsi, pour minimiser l'impact sur l'ERP, une méthode efficace de l'extraction des données est nécessaire pour répondre aux besoins analytiques.

C'est pour cela que *SAP ERP Core Component* (SAP ECC 6.0) et *SAP NetWeaver BI* traitent les données de la logistique différemment des autres. Business Content fournit des DataSources et un processus d'extraction spécifiques pour la logistique. Les DataSource se trouvent « LO Cockpit » (transaction LBWE) regroupés par leurs domaines d'application.

Ce processus d'extraction contient deux étapes principales :

L'initialisation Delta

Contrairement aux DataSources génériques, dont leurs donnes sont extraites d'une manière simple, les sources de données de la logistique utilisent le concept de tables de restructuration pour mener à bien le processus d'extraction de données initial. Les extracteurs des ressources humaines et finance etc. extraient les données directement aux tables de l'application, mais en cas d'extracteurs de la logistique, ils n'ont pas accès aux tables de l'application directement. La présence des tables de restructuration empêche les extracteurs BI d'accéder directement et fréquemment aux tables mises à jour de la logistique. Les tables de restructuration sont utilisées uniquement pour l'initialisation des données à SAP BW. Une fois que les DataSources sont activés, les structures d'extraction sont générées automatiquement permettant de transmettre les données altérables de logistique de l'OLTP dans le module BW. Les structures d'extraction sont renseignées à partir des structures de communication du système d'information de logistique (SIL). Il faut noter que la logistique utilise également des DataSources génériques.

L'extraction Delta

Une fois l'initialisation des données de la logistique est effectuée avec succès, tous les enregistrements qui suivent, nouveaux ou modifiés, sont extraits dans le système SAP BW à l'aide des mécanismes Delta. Il existe trois méthodes différentes pour les mises à jour :

Delta direct

Dans ce cas, les données d'extraction des enregistrements de documents sont directement transmises à la file d'attente delta BW. L'ordre de transfert correspond à l'ordre de création des données.

Delta mise en file d'attente

Il s'agit du regroupement des données d'extraction des enregistrements de documents dans une file d'attente d'extraction à partir de laquelle les données sont transférées à la file d'attente delta BW sous la forme d'une opération groupée périodique. L'ordre de transfert correspond à l'ordre de création des données.

Mise à jour V3 non individualisée

L'ordre des données de document dans la file d'attente delta BW ne doit plus correspondre à l'ordre d'enregistrement. Ce mode ne peut être recommandé que sí l'ordre dans lequel les données sont transférées importe peu en raison de la conception des destinations des données dans BW.

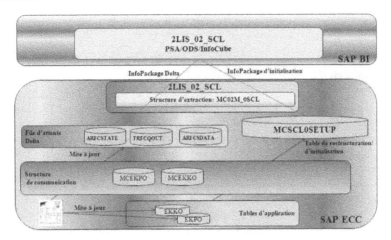

La figure ci-dessus illustre un scénario d'extraction avec la méthode Delta direct.

Annexe C : Bex Query Designer

Conception des requêtes avec Query Designer

Dans le menu « Démarrer »

Tous les programmes

Business Explorer

Query Designer

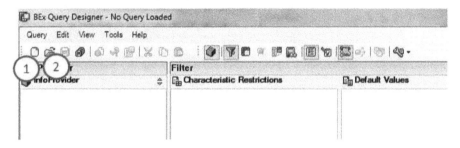

Une fenêtre se lance, c'est le Query Designer

1. Créer une nouvelle requête

2. Ouvrir une requête existante

Pour créer une nouvelle requête, sélectionner un infoprovider

1. Rechercher l'info provider souhaité

2. Historique des derniers infoproviders utilisés

3. Domaines d'application regroupant les infoproviders

4. Afficher les clés et libellés

L'écran suivant s'affiche :

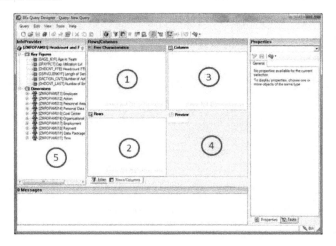

1. Caractéristiques non affichées initialement (pouvant être affichées lors de la restitution)

2. Données restituées en ligne

3. Données restituées en colonne

4. Donne un aperçu du résultat de la requête

5. Tous les objets de l'Infoprovider (dimensions, caractéristiques, ratios)

On glisse les ratios dans la rubrique des colonnes et les dimensions dans celle des lignes ou celle des caractéristiques libres.

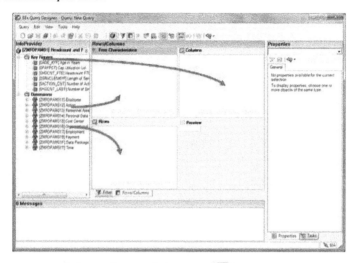

A la fin, on sauvegarde la requête avec le bouton

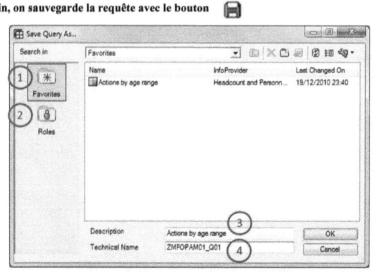

1. Pour sauvegarder la requête dans les favoris (uniquement visible par l'utilisateur)

2. Pour sauvegarder la requête dans un rôle (accessible par les utilisateurs de ce rôle)

3. On donne une désignation pour mieux la retrouver ensuite

4. On lui donne un nom technique unique (utiliser la nomenclature en vigueur)